annual zweitausend achtzehn zweitausend neunzehn

Dialogue
Understanding
Concept
Consequence
Quality

Von kleinen Veränderungen, die
zu großen Entwicklungen führen

3

Bewegte Zeiten erfordern Beweglichkeit. Voran geht es am besten, wenn man weiß, woher man kommt und was für einen wichtig ist. Wir fragten uns im letzten Jahr, wofür wir stehen und wo wir hinwollen, und stellten fest: Für uns ist der Weg Teil des Ziels. Was das heißt? Bei uns steht der Dialog mit Auftraggebern, Partnern, Kommunen und unseren Mitarbeitern im Mittelpunkt – nur über diesen Dialog können wir die unterschiedlichen Projekt-Aufgaben begreifen und verstehen. Dieses Verständnis gilt es konzeptionell konsequent umzusetzen. Das verlangt gleichermaßen Flexibilität, weil wir uns bei jeder prozessualen Entscheidung fragen müssen, welchen Einfluss sie auf das Gesamtkonzept hat. Über allem steht dabei unser Qualitätsanspruch, der keine Relativierung erlaubt: Architektur soll nicht laut sein, soll behutsam wie einfühlsam mit dem vorhandenen Erbe umgehen und offen wie mutig für die Zukunft sein. Das ist für uns der Qualitätsmaßstab.

Dass vermeintlich kleine Veränderungen zu großen Entwicklungen führen, zeigt auch unser neues Büro in Frankfurt, das sich daran orientiert, wie wir alle am besten miteinander arbeiten können. Entstanden sind Räume, in denen wir teamorientiert mit vielen Rückzugsorten planen, und ein Hub, in dem wir uns alle treffen. Der Hub lässt neben dem Konferieren, Besprechen, Speisen alle Formen der Kommunikation zu – inkl. Tischkicker. Um die Frage, wie wir zukünftig arbeiten und leben, geht es ganz besonders in dem Gespräch mit Gerd Corbach von Deloitte und bei den Planungen des neuen Heinrich Campus. Wir sind begeistert, ihn in dieser Arbeit als Architekten begleiten zu dürfen. (S. 66)

Die Handelsblatt Media Group hat diese Veränderung schon angenommen und durchlaufen. In Düsseldorf findet sie seit knapp einem Jahr eine neue Heimat im La Tête. Frank Dopheide zeichnet mit einer kleinen Skizze auf, was das Haus für ihn ausmacht: Entscheidend ist für den Sprecher der Handelsblatt Media Group, dass das Bild vom La Tête einzigartig ist, in Erinnerung bleibt und den Ausdruck des Handelsblatts verkörpert. (S. 26)

Gesellschaftliche Veränderungen treffen nicht nur die Verlagsszene. Nirgends haben sie einen so großen Einfluss auf die Immobilienbranche wie im Handel – die Digitalisierung hat den Markt „gedreht". Was daraus entsteht, ist in unseren Augen eine riesige Chance für die Innenstädte. Diese können eine Renaissance der klassisch heterogenen europäischen Stadt erleben. Vorbei, so unsere Hoffnung, die Monotonie der Aneinanderreihung von Verkaufspalästen. Was heute zählt, ist das Erlebnis, denn das kann die digitale Welt nicht bieten. Was es mit dem „Handel im Wandel" auf sich hat, hat unsere „meyerschmitzmorkramer research unit" eingehend untersucht und daraus Bilder für ein Zukunftsszenario entwickelt, die natürlich von der Überzeichnung leben. Daher haben wir sie auch gezeichnet. (S. 96)

Bauen für die Zukunft oder die Zukunft bauen: Auch im kommenden Jahr können wir auf spannende Projekte blicken. Davon später mehr. Jetzt wünschen wir Ihnen erst einmal viel Spaß beim Lesen des Annual 18/19!

Holger Meyer und Caspar Schmitz-Morkramer

5

EN

Times of change require mobility. The best way to make progress is to know where you are coming from and what is important to you. Last year, we asked ourselves what we stand for and where we want to go, and we found that for us, the journey is its own reward. What does that mean? Our focus is on the dialogue with clients, partners, municipalities, and our employees. It is only through this dialogue that we can grasp and understand the various project tasks. This understanding must then be consistently implemented conceptually, which is something that also requires flexibility, because we have to ask ourselves what influence each process decision has on the overall concept. Above all stands our quality claim, which does not provide any room for relativization: Instead of being loud, architecture should be gentle and sensitive in its treatment of the existing heritage as well as face the future with openness and courage. That is our quality benchmark.

The fact that supposedly small changes lead to major developments is also demonstrated by our new office in Frankfurt, which takes its design bearings from how we can all best work together. The result is spaces in which we plan with a focus on teamwork with many havens for retreat, along with a hub where we all meet. In addition to conferences, discussions, and dining, the hub allows all forms of communication – including table football. The question of how we will work and live in future is particularly important in the conversation with Gerd Corbach from Deloitte and in the planning of the new Heinrich Campus. We are delighted to be able to accompany him in this project as architects. (p. 66)

The Handelsblatt Media Group has already accepted and gone through this change. They have been at their new home in La Tête in Dusseldorf for almost a year now. Frank Dopheide draws a small sketch of what the building means to him: for the Management Spokesman of the Handelsblatt Media Group, the crucial factor is that the image of La Tête is unique and memorable as well as an embodiment of the Handelsblatt's style. (p. 26)

Societal changes are not only affecting the publishing scene. Nowhere are they having such a large impact on the real estate industry as in the retail sector. Digitization has "turned the market on its head". In our eyes, what is emerging from this is a huge opportunity for city centres, allowing them to experience a renaissance of the classically heterogeneous European city. Gone, so we hope, will be the monotony of sales outlets lined up one after another. What counts today is experience, because that is something that the digital world cannot offer. Our "meyerschmitzmorkramer research unit" has thoroughly investigated the issue of "retail trade at a crossroads" and uses this as a basis for developing representations of a future scenario, and such images of course live from exaggeration. That's why we drew them. (p. 96)

Building for the future or building the future: We can also look forward to exciting projects in the coming year – but more on that later. For now, we hope you enjoy reading the Annual 18/19!

Holger Meyer and Caspar Schmitz-Morkramer

10	Wir müssen über Qualität reden
26	Mut zur Veränderung
42	Deutsche Architektur im Aufwind
54	Blick über den Isar-Rand
66	Abenteuer Arbeit: Deloitte in Düsseldorf
80	Trend zu informellen Meetings
96	Handel im Wandel
111	Werkschau
166	Neue Köpfe
168	Awards
172	Mitarbeiter 2018
174	Impressum

22	We need to talk about quality
40	Embracing change
50	German architecture on the rise
64	Rethinking the Bavarian metropolis
76	Adventure of work: Deloitte in Dusseldorf
92	Trend towards informal meetings
104	Retail in transition
111	Projects
166	New minds
168	Awards
172	Staff 2018
174	Imprint

Dialogue

Any planning of a building starts with a human dialogue. The final building is the manifestation of a built dialogue between the city, people, and location.

Wir müssen über Qualität reden

Wenn die Heilung von Städten neue Lebensqualität verspricht – Bestand braucht Sensibilität, findet meyerschmitzmorkramer.

(S. 11)
Görttwiete, Hamburg

Deutsche Vermögens-
beratung, Frankfurt/M

13

Wenn es um das Thema Revitalisierung geht, ist Zurückhaltung manchmal schwerer, als Vollgas zu geben. Genau das reizt das Büro meyerschmitzmorkramer. Formate und Generationen haben sich verändert. Warum dann nicht auch die Architektur?, fragen sich Caspar Schmitz-Morkramer und Holger Meyer. Ihr Ziel: Antworten auf neue Lebenssituationen finden – geschlossene Baukörper öffnen und mit neuen Ideen füllen – Stadtreparatur leisten. Ihre Häuser sind vielfältig, aber ihr Credo ist klar: Respekt und Zurückhaltung vor gebauter Substanz.

> Der prämierte Umbau der Abtei Michaelsberg in Siegburg, die kleine, feine Adresse Görttwiete in Hamburg oder das Diamalt-Quartier in München: meyerschmitzmorkramer entwickelt unterschiedlichste Gebäude-Charaktere. Worin liegt der Reiz beim Bauen im Bestand?

Caspar Schmitz-Morkramer Unser bislang kleinstes Haus, die Görttwiete in Hamburg, die wir jüngst umbauen durften, zeigt, was uns an Bauaufgaben reizt. Es ging um drei Bauteile, die wir im Zuge einer Nachverdichtung miteinander verbunden haben: einen Altbau mit Klinkerfassade, einen Neubau mit Glasfassade und eine Aufstockung mit Dachbekleidung. Entstanden ist ein Ensemble, das harmonisch unterschiedliche Entwurfsideen miteinander verbindet. Wir standen dabei vor den größten Herausforderungen, die ein solch kleines Haus bieten kann. In einzigartiger Lage wurde eine überzeugende Stadtreparatur geleistet: Unsere Städte gilt es aus der gewachsenen Struktur heraus neu zu entwickeln. Daher sind beim Bauen im Bestand neue Ideen und Zurückhaltung gleichermaßen gefragt.

> Neue Ideen und Zurückhaltung. Können Sie das noch weiter ausführen?

Holger Meyer Man könnte es so zuspitzen: Bewährtes behalten, aber Neues denken. Formate und Generationen haben sich verändert, die Architektur nicht. Wir brauchen nicht immer die große Geste, sondern „die kleine Cleverness", um Gebäude substantiell und inhaltlich zu überarbeiten. Geschlossene Strukturen zu öffnen, der Stadt wieder zugänglich zu machen, das ist eine zentrale Herausforderung. Ein Beispiel: Wir gestalteten die Unternehmenszentrale der Deutschen Vermögensberatung Holding und ihrer Tochtergesellschaften in Frankfurt. Das sich über 130 Meter erstreckende Eck-Bürogebäude aus den 90er Jahren entsprach dem Stand damaliger technischer Ausstattung. Der Haupteingang lag abgewandt an der kurzen Seite des Objekts. Eine zentrale Maßnahme war für uns, ihn auf die lange Seite zu verlegen und somit das Gebäude zur Stadt hin zu öffnen. Zum verbindenden Element der neuen Zentrale wurde ein großzügiges, zweigeschossiges Foyer aus Glas. Die DVAG als offenes und modernes Unternehmen verlangte nach Dialog mit der City. Heute ist sie Teil der Frankfurter Stadterweiterung, einer Transformation, die jenseits der reinen Architektur läuft. Wir setzen auf eine städtebauliche Gesamtidee, dazu gehört die verbindende Geste zur Stadt.

> Dazu gehört ebenso die Entscheidung, was an einem Altbau erhaltenswert ist, und das ist nicht leicht.

Caspar Schmitz-Morkramer Ja, Beispiel sind die Treptowers in Berlin. Die Gebäude stammen aus den 90er Jahren, damals sehr hochwertig gebaut, aber aus einem anderen Geist heraus geplant. Es gab kleine Eingänge für die Mitarbeiter, die sich morgens wie durch ein Nadelöhr hineinzwängten. Das Faszinierende war für uns die Aufgabe, dieses geschlossene Haus in ein geöffnetes, vernetztes Element umzuplanen: die soziale, architektonische und energetische Erneuerung aufzuzeigen, es als städtebauliches Projekt zu begreifen und auch, Mobilität neu zu denken: Car-Sharing-Stationen, Fahrradstationen, ein Bike-Shop, das ist heute selbstverständlich. Aber bei den Treptowers öffneten wir die Erdgeschosse, verbanden sie mit einem Campus – öffneten ihn. So gaben wir den Weg zur Spree frei für die Öffentlichkeit und inszenierten den Fluss mit einer 150 Meter langen Freitreppe. Die Treptowers treffen einen besonderen Zeitnerv im Bereich der Revitalisierung. Es gibt kein zweites Beispiel in Deutschland, bei dem eine Durchmischung und Öffentlichkeit im Gebäude so zentral geplant wurde.

Wie gehen Sie bei der Suche nach der besten Lösung für ein Gebäude vor?

Holger Meyer Uns reizen Dinge, wenn sie strukturelle Aufgaben mit sich bringen. Häuser sind ein Abbild ihrer Zeit wie auch der Stadtentwicklung. Heute fließen Wohnen und Arbeiten zusammen. Gebäude aus den 70er Jahren entsprechen nicht mehr der ursprünglichen Nutzung. Mit einer neuen Fassade ist es also nicht getan. Man muss sich fragen, wie der Stadtraum, der nur begrenzt zur Verfügung steht, neu und nachhaltig genutzt werden kann und wie wir mit den Themen von Dichte und Ressourcen neue Urbanität schaffen können. Die Revitalisierung von Bestand ist komplexer als ein Neubau.

Bei dem Projekt der Treptowers in Berlin haben Sie mit dem kalifornischen Architekturbüro Rios Clementi Hale Studios zusammen geplant. Wie lief die Zusammenarbeit?

Holger Meyer Es gab deutlich höhere Mehrwerte. Man hört zu, man fordert sich gegenseitig und ist weniger schnell zufrieden. Das war eine bereichernde Erfahrung und gut für den Bau.

Ist das üblich in der Branche?

Caspar Schmitz-Morkramer Transparenz und Offenheit werden immer stärker geschätzt, deshalb wird es selbstverständlicher. Die Digitalisierung zeigt, dass Sharing-Prinzipien auch in der Planung ein wichtiges Thema sind. Wir arbeiten bereits an vielen Stellen in Allianzen. Erfolgreich und mit Spaß.

Fällt es dabei schwer, eine eigene Handschrift aufzubauen?

Holger Meyer Die Frage ist: Was verstehen wir unter Handschrift? Unsere Handschrift definiert sich nicht aus einem festgefügten Baustil, sondern aus der Methodik unserer Arbeit. Der Umgang mit Materialien, die immer neue Suche nach den besten Lösungen der gestellten Bauaufgabe, das Feilen bis ins Detail – ob beim Aufbau von Markenwelten, wie zum Beispiel der BVB-FanWelt, oder bei Projekten wie der denkmalgeschützten Abtei Michaelsberg. Der Michaelsberg ist rund 1000 Jahre alt, aber es lässt sich ablesen, welche Materialien und Gedanken mit unserer Haltung eingeflossen sind. Qualität ist neben der Haltung ein zentraler Punkt für uns. Bauherren schätzen, dass wir wieder über Qualität reden, uns für ihr Projekt einsetzen.

Sedelhöfe, Ulm

Stellen sich diese Fragen auch bei der Entwicklung von Stadtgebieten?

Caspar Schmitz-Morkramer Wenn wir Städte nach innen verdichten, müssen wir es qualitätsvoll tun, das bedeutet, in der Stadt Freiräume zu erhalten. Bei der Planung ganzer Stadtquartiere wie in München, Düsseldorf oder bei den Sedelhöfen in Ulm stellen wir uns die Frage: Welche Bedeutung und welchen Nutzen soll das Quartier haben? Wir wollen keine Inseln schaffen, sondern einen Teil lebenswerte Stadt mit Durchlässigkeit.

Wie kommt man zu dieser Durchlässigkeit?

Holger Meyer Im Laufe der Zeit entwickeln sich Quartiere weiter. Man muss genereller und abstrakter denken. Wie stellen sich heute Bedarf und Nutzungsangebot dar? Wie schaffe ich die Vernetzung zum öffentlichen Verkehr hin? Es ist ein größerer Rahmen, in dem man abstrakter plant. Städte, die gut geplant sind, halten eben durchaus 100 Jahre.

Inwieweit steht der Mensch im Mittelpunkt?

Caspar Schmitz-Morkramer Unsere Planung wächst aus dem menschlichen Maßstab. Wo findet der Mensch Rückzug, seinen eigenen städtischen Raum? Wenn wir Gebäude neu erschließen, suchen wir gezielt nach diesen Rückzugsorten. In den Ulmer Sedelhöfen haben wir mit dem Albert-Einstein-Platz ein großes Areal geschaffen, das die richtige Dimension verkörpert.

Wie soll sich der Mensch in Ihrer Architektur fühlen?

Caspar Schmitz-Morkramer Aufgehoben. Denn es geht bei uns um Maßstäblichkeit, Proportion und Haptik. Der Mensch darf sich wiederfinden. Wir wollen punktuell an Stadträume herangehen. Die europäische Stadt, wie wir sie vorfinden, müssen wir an vielen Punkten heilen, um das große Ganze wieder zu einem Bild zu fügen. Das ist eine politische und gesellschaftliche Aufgabe, ein Auftrag, bei dem wir über Qualität sprechen müssen.

Welche Planung würde Sie heute besonders für ein zukunftsträchtiges Morgen reizen?

Holger Meyer Wenn man neu denken würde: das gelungene Beispiel des Guggenheim-Museums von Gehry in Bilbao. Einem Ort, der sonst wenig verkörpert, einen neuen Impuls zu geben, hätte Reiz.

Caspar Schmitz-Morkramer Hier sprechen wir über das Ikonografische. Ebenso reizvoll wäre es, im großen Maßstab städtebauliche Sünden heilen zu dürfen, zum Beispiel die Stuyvesant Town in New York, 35 Wohnhäuser auf etwa 32 Hektar Fläche. Das wäre mein persönlicher Traum. Denn gerade im Bereich der Stadtreparatur lässt sich viel Neues einbringen.

Autorin: Inken Herzig

Treptowers, Berlin

21

Links oben / rechts oben:
BVB-FanWelt, Dortmund

Links unten / rechts unten:
Abtei Michaelsberg, Siegburg

We need to talk about quality

EN

When it comes to revitalizing cities, practising restraint is sometimes harder than going full steam ahead. This is a challenge meyerschmitzmorkramer loves. Formats and generations are changing. So why not architecture, too, ask Caspar Schmitz-Morkramer and Holger Meyer. Their mission: to find answers to new living situations – to open up closed building structures and fill them with new ideas – repair the urban fabric. Their buildings are diverse, but their creed is plain and simple: respect and restraint for heritage buildings.

The award-winning conversion of Michaelsberg Abbey in Siegburg, the small, exquisite Görttwiete site in Hamburg, or the Diamalt Quarter in Munich: meyerschmitzmorkramer develops an eclectic range of building characters. What do you like about building on heritage sites?

Caspar Schmitz-Morkramer Our smallest building to date, Görttwiete in Hamburg, which we recently gave a new face, shows what kind of projects we like. There were three components that we connected as part of a densification project: an old building with a brick façade, a new building with a glass façade, and an extension with a roof terrace. The result is an ensemble that harmoniously combines different design ideas. It had faced us with the greatest challenges that such a small building can present. This was a convincing repair of the urban fabric in a unique location: our cities need to be redeveloped out of the evolved structure. That is why new ideas and restraint are equally important when building on heritage sites.

New ideas and restraint. Could you go into more detail?

Holger Meyer In a nutshell: keep what is worthwhile, but add new ideas. Formats and generations have changed, architecture has not. We don't always need grand gestures but rather "small and smart solutions" to rethink buildings both in terms of substance and content. Opening up closed structures and making them accessible to the city again – that's the key challenge. Here's an example: we designed the corporate headquarters of Deutsche Vermögensberatung Holding and its subsidiaries in Frankfurt. The corner office building from the 1990s, which stretches over 130 metres, still featured technical facilities from that era. The main entrance was hidden on the short side of the building. One of our most important measures was to move it to the long side and open the building towards the city. A spacious two-storey glass foyer became the connecting element of the new HQ. As an open and modern company, DVAG wanted to enter into a dialogue with the city. Today, it is part of Frankfurt's urban expansion, a transformation that goes beyond pure architecture. We focus on a holistic urban planning concept, which also means reaching out to the city.

This includes deciding what is worth preserving in an old building, and that is no easy task.

Caspar Schmitz-Morkramer Yes, for example Treptowers in Berlin. These towers are from the 1990s and built to a very high standard, but their design followed a different philosophy. There were small narrow entrances for the employees, which they had to squeeze through every morning. What fascinated us, was the task of redesigning this closed building into an open, networked element: showing the social, architectural, and energetic renewal, understanding it as an urban development project, and even rethinking mobility: car sharing stations, bicycle stations, a bike shop – amenities that are standard today. But at Treptowers, we opened up the ground floors, connected them to a campus – and opened it. So we cleared the way to the Spree for the public and highlighted this access to the river with a 150-metre-long stairway. Treptowers has its finger on the pulse in terms of revitalization. It is second to no other building in Germany for the central design of its mixed uses and public access to the building.

> How do you go about finding the best solution for a building?

Holger Meyer We like things that involve structural tasks. Buildings that mirror both their era and urban development. Today, living and work spaces flow together. Buildings from the 1970s are no longer fit for their original use. So, a new façade is simply not enough. You need to ask how urban space, of which there is only a limited amount, can be used in a new and sustainable way, and how we can create a new urbanity, thinking of density and resources. Revitalizing heritage is more complex than building something new.

> For the Treptowers project in Berlin you worked with the architects from Rios Clementi Hale Studios, California. How did the cooperation go?

Holger Meyer It generated a lot more added value. You listen, you challenge one another, and don't make do so easily. It was an enriching experience and great for the project.

> Is that common in your industry?

Caspar Schmitz-Morkramer Transparency and openness are increasingly appreciated, which is why it is becoming more of a standard thing. Digitization shows that the principle of sharing is also important in architectural design. We already work collaboratively in many areas. It's both fun and rewarding.

> Isn't it difficult to establish your own signature like that?

Holger Meyer The question is: what do we mean by signature? Our signature is not defined by a fixed architectural style, but by the methodology of our work. The handling of materials, the constant search for the best solutions to the construction task at hand, elaborating it down to the last detail – be it when we develop brand worlds like BVB-FanWelt, or heritage sites like Michaelsberg Abbey. Michaelsberg is almost 1,000 years old, but you can instantly see what materials and thoughts went into it with our philosophy. Quality is a key point for us alongside our philosophy. Building owners appreciate the fact that we talk about quality again, that we commit to their projects.

> Do these questions also arise when developing urban neighborhoods?

Caspar Schmitz-Morkramer When we densify cities inwardly, we must apply high quality standards, which means preserving open spaces in the city. When designing entire neighborhoods like in Munich, Dusseldorf, or the Sedelhöfe in Ulm, we ask ourselves the question: what will be the role and purpose of this neighborhood? We don't want to create islands, but a part of the city that is worth living in and permeable.

How do you achieve this permeability?

Holger Meyer Neighborhoods keep on developing over the course of time. You need to think in more general and abstract terms. What are today's requirements and uses? How do I create a connection with the public transport network? It's a larger framework and your design approach needs to be more abstract. Cities that are well designed can last around 100 years.

To what extent do people take centre stage?

Caspar Schmitz-Morkramer Our planning evolves from human dimensions. Where can people find a haven, their own urban space? When we develop new buildings, we search specifically for these havens. Albert-Einstein-Platz is a large square we created in Ulm's Sedelhöfe with the right dimensions.

How do you want people to feel in your architecture?

Caspar Schmitz-Morkramer At home. Because our focus is on dimensions, proportions, and feel. People are able to feel at home. We want to approach urban spaces selectively. The European city, as we find it, needs to be healed in many places in order to put the big picture back together again. This is a political and social task, a task where we need to talk about quality.

What project would appeal to you most today for a promising tomorrow?

Holger Meyer If it's about new ideas: Gehry's successful Guggenheim Museum in Bilbao, for example. We would like to revitalize a place that has little meaning otherwise.

Caspar Schmitz-Morkramer So much for iconic projects. We would also like the chance to heal urban sins on a large scale – for example Stuyvesant Town in New York with 35 residential buildings on an area of some 32 hectares. For me personally, that would be a dream come true. You can contribute a lot of new ideas when you are repairing cities.

Author: Inken Herzig

25

Mut zur Veränderung

Barcode-Fassade und der größte Außenscreen Düsseldorfs: Schon von außen zeigt meyerschmitzmorkramer mit dem Gebäude „La Tête", was eine moderne Medienzentrale ausmacht. „Unser Haus hat ein Gesicht", unterstreicht Frank Dopheide von der Handelsblatt Media Group, die hier eingezogen ist. Der Sprecher der Geschäftsführung und Caspar Schmitz-Morkramer erkunden die Besonderheiten des neuen Medienhauses während eines gemeinsamen Rundgangs.

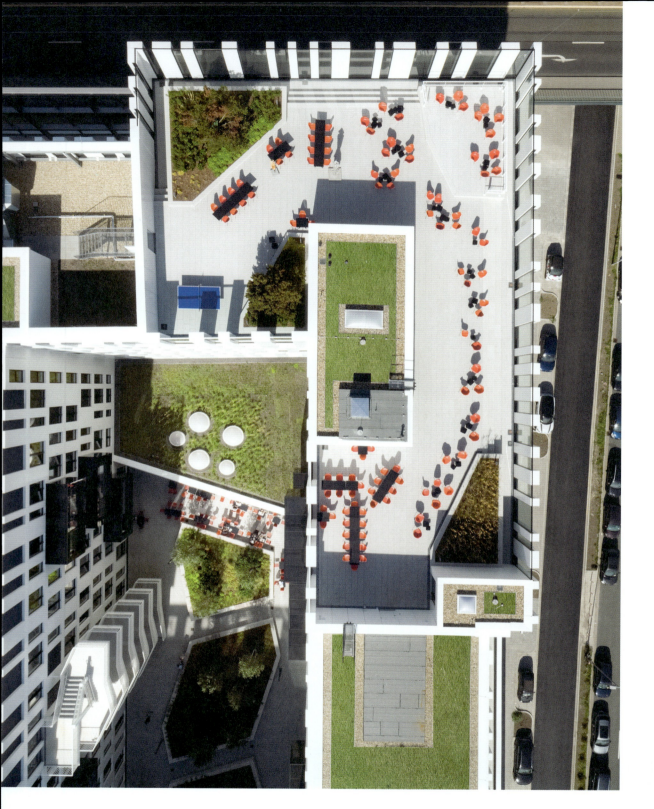

29

Der erste Treffpunkt: 5. Stock, Raum A-6168. Ein Konferenzraum, in dem sich mitunter hochrangige Vertreter aus Politik, Wirtschaft und Finanzen mit Redakteuren des Handelsblatts zu Interviews oder zur Blattkritik treffen. Am ovalen Tisch sitzen Frank Dopheide, Sprecher der Geschäftsführung der Handelsblatt Media Group, und Caspar Schmitz-Morkramer. Frank Dopheide definiert, was er von einem modernen Medienhaus erwartet: „Exzellenz, Unabhängigkeit und Klarheit, das sind drei unserer Kernwerte, die unser Verlag bereits vorgibt. Wir wollten aber auch Präsenz und Sichtbarkeit. Früher wusste kein Taxifahrer, wo das Handelsblatt liegt. Es hieß: Ach ja, neben der AOK. Das passte nicht in mein Weltbild."

Nicht nur die Adresse, auch das Erscheinungsbild des Verlagshauses hat sich radikal geändert. Täglich fahren rund 280.000 Bahnreisende an seiner charakteristischen Barcode-Fassade und dem 80 Quadratmeter großen Megascreen vorbei. Schon von außen vermittelt das Gebäude, was eine moderne Medienzentrale heute ausmacht: den Mut zum Wandel.

„Unser Haus hat ein Gesicht", unterstreicht Frank Dopheide. „Wenn ich die Augen schließe, könnte ich es – zumindest ansatzweise – nachzeichnen." Der Markenspezialist nimmt einen Kugelschreiber und zeichnet es. Klare Striche. Auf dem Blatt wächst die Fassade mit ihrem versetzten Barcode. Es folgt ein markanter Abschluss: der Skygarden, oben auf dem Dach. „Wir wollen das gesamte Gebäude zu unserem machen. Das ist unser Flagship-Store", sagt der Geschäftsführer und setzt nach: „Früher errichteten Medienhäuser Tempel, heute geht es um Zugänglichkeit und eine positive Selbstverständlichkeit auf High-End-Niveau."

Architektur braucht Visionen

Die Lage passt zu einem Medienunternehmen, das bewusst nicht nach Berlin zog, sondern Nordrhein-Westfalen treu blieb. Es agiert dort, wo der Mittelstand zu Hause ist und ganz normale Menschen leben. Seit Anfang 2018 liegt der Hauptsitz der Handelsblatt Media Group auf dem ehemaligen Güterbahnhof Düsseldorf-Derendorf, inzwischen ist hier ein neuer Stadtteil erwachsen.

„La Tête" wurde das 25.500 Quadratmeter große Haus an der Spitze der Toulouser Allee getauft, das meyerschmitzmorkramer entworfen hat. „Architektur muss die Vision haben, wie Digitalisierung die Medienwelt verändern wird", sagt Caspar Schmitz-Morkramer. „Es entstehen völlig neue Formate, die in keine der traditionellen Kategorien passen." Klarheit prägt das 30 Meter hohe Gebäude mit seinen sechs Vollgeschossen, einem Staffelgeschoss und zwei Untergeschossen. Die Architekten entwickelten ein offenes Haus, das sich flexibel zukünftigen Anforderungen anpassen kann: Dazu trägt der Grundriss bei, der Austausch und Kommunikation fördert, bereit für Open Spaces, Einzel-, Zweier- und Gruppenräume oder Kombilösungen. „Im Vordergrund standen Redaktionslayouts, die auf Veränderungsprozesse der Medien variabel reagieren", sagt Caspar Schmitz-Morkramer. „Ein simples Rechteck ist ein Grundriss, den jeder versteht. Es gibt zwei lange und zwei kurze Seiten, in den Innenecken befinden sich die Treppenhäuser. Diese Einfachheit gibt dem Haus Freiheit. Alles andere lässt sich offen möblieren." Das Haus ist multi-tenant-fähig, gedacht für mehrere Mieter; neben der Handelsblatt Media Group arbeiten inzwischen weitere Kreativunternehmen wie Havas im La Tête.

Offenheit und Durchlässigkeit prägen das Haus. Der Innenhof mit einem Birkenhain und Sitzplätzen ist für alle da, ob Redakteur, Passant oder Anwohner. Frank Dopheide gefällt das Konzept: „Es braucht einen Empfang, der mit offenen Armen empfängt, es braucht Öffnung und Demokratisierung. Es gibt keine Chef-Etage mehr. Wir wollen Gemeinschaft zelebrieren, und das sieht man dem Haus von außen an. Gleiches Recht für alle." Dass dies kein Marketing-Slogan ist, zeigt sich in der Empfangshalle mit zwei freundlich lächelnden Mitarbeitern hinter dem Counter, die jeden Gast persönlich begrüßen, während über ihren Köpfen ein großer Monitor die laufenden Nachrichten zeigt. Darunter befindet sich ein kleiner Roboter: Pepper. Dopheide streicht ihm über den Kopf. Der Humanoide verbeugt sich und fragt, was er tun könne. Danach deutet Dopheide auf die lange Bank neben dem Empfang. Das sei sein absoluter Lieblingsort. „Mein Büro ist hier. Neben dem Empfang. Jeder kann mich morgens ansprechen, ganz ohne GF-Termin." Von acht bis neun sitzt der Chef also in der Lobby, liest die Zeitungen des Hauses und begrüßt seine Mannschaft.

Transformation heißt springen

Die anderen Lieblingsorte sind das Büro der WirtschaftsWoche-Herausgeberin Miriam Meckel, das während ihrer Abwesenheit von allen Journalisten benutzt werden darf, und die Bibliothek mit äußerst wertvollen Erstausgaben, darunter Ludwig Erhards „Wohlstand für alle". Aber die Sammlung ist kein sentimentaler Andachtsort, eher ein moderner Arbeitsplatz mit lockerem Stuhlkreis. Das sei Transformation nach seinem Geschmack, meint Dopheide – keine Evolution, sondern ein Sprung raus aus der Holzindustrie der gewohnten Konzernzentralen in eine neue, digitale Zeit.

„Genau diese Prozesse wollten wir als Architekten zwar unterstützen, aber nicht bis ins Detail vorgeben", sagt Schmitz-Morkramer. „Entscheidend ist, dass wir den Rahmen bieten. Die Offenheit selbst soll beim Eigentümer, Mieter oder Nutzer liegen."

Im Newsroom herrscht angenehme Konzentration. Auf dem Bildschirm läuft ntv. Hier finden alle Medien zusammen: klassischer Print, Social Media und Bewegtbild mit eigenem Fernseh-Studio. Wie sorgt man dafür, dass diese Mischung funktionieren kann? „Genau das muss ein Gebäude hergeben, technologisch, aber auch logistisch", sagt Dopheide. „Und von der Konzeption her: Hier gibt es eindeutige Maschinenräume, in denen gearbeitet und geackert wird, eindeutige Inspirationsräume und Kommunikationsräume, in denen Menschen zusammenkommen, um sich auszutauschen." Trotz E-Mail, Twitter und Social Media: Das wirklich Interessante findet zwischen den Zeilen statt oder lässt sich im Gesicht ablesen. „Und diese Form der Begegnung muss man schaffen", fordert Dopheide. „Hier geht es schneller, hier geht es besser, hier geht es gekühlter, das war in diesem Sommer ein echtes Plus."

Oben auf dem Dach, dem Skygarden, lässt sich der Klimawandel genießen. Redakteure können ihre Meetings nach draußen verlegen und durchschnaufen. Le Corbusier hätte die Idee gefallen, dass rote Eames-Chairs wie Mohnblüten verteilt sind: ein guter Ort und eine zeitlose Geste. Sonne und Weite, geschützt durch eine gläserne Attika, in die der charakteristische Barcode des Hauses eingewoben ist. Der Blick reicht über die Wohnbauten der Nachbarschaft bis zur Silhouette von

33

Downtown-Düsseldorf mit ihren Hochhäusern. Frank Dopheide fasst zusammen: „Das Haus muss aussehen wie Premium. Punkt. Es geht um Exzellenz, gestalterisch wie von den Materialien her. Auf den ersten Blick muss sich dieses Gefühl einstellen: ‚Die achten auf Qualität, Struktur und Klarheit.' Das muss man dem Gebäude ansehen – und wenn man reinläuft, auch fühlen." Zum Abschied sagt der Sprecher der Geschäftsführung einen Satz, der lange nachhallt: „Themen sind inzwischen so komplex, dass sie sich mit Worten allein nicht erklären lassen."

Autor: Dr. Oliver Herwig

37

msm.archi/movie/latete

39

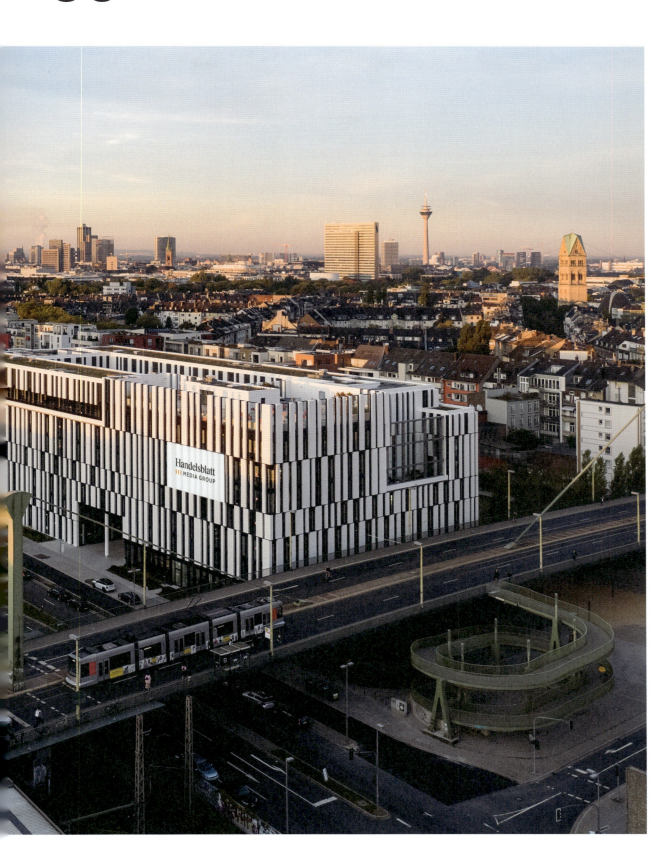

Embracing change

EN

The first meeting point: 5th floor, room A-6168. A conference room where political, business, and financial leaders meet Handelsblatt journalists for interviews or critical discussions. Frank Dopheide, Management Spokesman of the Handelsblatt Media Group, and Caspar Schmitz-Morkramer sit at the oval table. Frank Dopheide defines what he expects from a modern media house: "Excellence, independence, and clarity are three of the core values that are essential for our publishing house. But presence and visibility were also important to us. No taxi driver used to have a clue where to find Handelsblatt. They'd say: "Oh yes, next to the AOK." That didn't mesh with my philosophy." The publishing house has not only changed its address but revamped its image dramatically. Every day, around 280,000 commuters see its distinctive barcode façade and gigantic 80-square metre screen from the train. Even from the outside, the building conveys what a modern media hub is all about today: embracing change. "Our HQ has a face," underlines Frank Dopheide. "Even with my eyes closed, I could – at least sketchily – draw it for you." The brand specialist takes a pen and makes a sketch. Sharp lines. On the sheet, the façade gradually appears with its offset barcode. Then comes the distinctive finishing touch: the Skygarden up on the roof. "We want to make the entire building ours. This is our flagship store," says the Managing Director and adds: "Media companies used to erect temples, but today it's all about accessibility and exuding positive confidence on a high-end level."

Architecture needs visions

The location is perfect for a media company that decided not to move to Berlin but to remain staunchly in North Rhine-Westphalia. A region that is home to medium-sized enterprises and normal people. In early 2018, the Handelsblatt Media Group relocated its HQ to the site of the former Dusseldorf-Derendorf freight station, which has now become a new neighborhood. "La Tête" was the name given to the 25,500-square metre building at the top of Toulouser Allee, designed by meyerschmitzmorkramer. "Architecture must have a vision of how digitization is changing the media world," says Caspar Schmitz-Morkramer. "Completely new formats are emerging that don't fit into any of the traditional categories." Clarity is the key for the building spanning a height of 30 metres with its six full floors, one stepped-back and two basement storeys. The architects have developed an open building that can adapt flexibly to future requirements. The floor plan contributes to this by promoting communication and interaction, being ready for open spaces, single, double, and group rooms or combined solutions. "The focus was on newsroom layouts that react variably to change processes in the media," says Caspar Schmitz-Morkramer. "A simple rectangle is a floor plan that everyone understands. There are two long and two short sides, with stairways in the inner corners. This simplicity provides a sense of freedom. Everything else can be furnished openly." The building is multi-tenant-capable; alongside the Handelsblatt Media Group, other creative players such as Havas are now working at La Tête.

Openness and permeability are the building's hallmarks. The courtyard with its birch grove and benches is open to all, be it journalists, passers-by, or residents. Frank Dopheide likes this concept: "We need a reception that welcomes you with open arms, we need open minds and democratization. We no longer have an executive floor. We want to celebrate the community, and you can see that from the outside of the building. Equal rights for all." This is not just a marketing slogan, as can be seen in the reception hall, where two employees greet each guest personally with a friendly smile from behind the counter, while a constant newsfeed runs across the huge monitor above them. Below stands a little robot: Pepper. Dopheide strokes his head. The humanoid bows and asks what he can do for him. Dopheide points to the long bench next to the reception desk. This is his favorite place of all. "My office is here. Next to the reception. Anyone can talk to me in the morning without having to make an appointment." So, from eight to nine the boss sits in the lobby, reading the company's newspapers and welcoming his team.

Transformation is a leap

Other favorite spots include the office of WirtschaftsWoche editor Miriam Meckel, which can be used by all journalists during her absence, and the library with extremely valuable first editions, including Ludwig Erhard's Wohlstand für alle (translated as Prosperity through Competition). This collection is not a sentimental shrine, but rather a modern workplace with a casual circle of chairs. This is the kind of transformation he likes, says Dopheide – not an evolution, but a leap out of the usual wood-panelled corporate headquarters into a new, digital era. "These were the processes we wanted to support as architects, without defining every single detail," says Schmitz-Morkramer. "The decisive thing is that we provide a framework. While the owners, tenants, or users themselves contribute the openness."

The newsroom has a pleasantly focused atmosphere. The screen is tuned to ntv. This is where all media come together: classic print, social media, and moving images with an in-house television studio. How do they make this mix work? "That's exactly what a building has to offer, technologically, but also logistically," says Dopheide. "And from the concept aspect, too: We have some clearly defined engine rooms where people slog away, specific inspiration and communication spaces where people come together to share ideas." Despite email, Twitter, and social media: The really interesting things happen between the lines or can be read in people's faces. "And this is the kind of encounter you have to create," appeals Dopheide. "Things go faster, things go better, things go cooler here – that was a great bonus this summer."

Up on the roof, in the Skygarden, you can enjoy climate change. Journalists can move their meetings outside and get some fresh air. Le Corbusier would have liked the idea of red Eames chairs scattered like poppies: a great place and a timeless gesture. Sunshine and open air, protected by a glass attic featuring the building's signature barcode. The view stretches across the nearby residential buildings to the skyline of downtown Dusseldorf with its high-rise buildings. Frank Dopheide concludes: "The building needs to have a premium look. Full stop. It's all about excellence, both in design and materials. That's the very first impression it has to make: 'These people pay attention to quality, structure, and clarity.' You have to see that in the building – and feel it when you go inside." As a parting shot, the Management Spokesman says something that resonates for a long time: "Issues have become so complex now that you cannot explain them with words alone."

Author: Dr. Oliver Herwig

„Die deutschen Architekten spielen in einer hohen Liga."

Deutsche Architektur wird international immer stärker wahrgenommen. Auch die MIPIM in Cannes zeigte die Tendenz zu kleinen, feinen Projekten. „Qualität ist keine Frage des Maßstabs", sagt Reiner Nagel von der Bundesstiftung Baukultur. Warum es ihm wichtig ist, die richtigen Projekte deutscher Baukultur nach vorne zu bringen.

> Made in Germany steht für eine weltweit bekannte Richtung im Sinne des Produktdesigns; konnte sich unter diesem Aspekt auch die deutsche Baukultur etablieren?

Reiner Nagel Aus deutscher Perspektive ist das nicht einfach zu beurteilen – sachlicher wäre da der Blick von außen. Wenn man jedoch versucht, sich diesen zu eigen zu machen, spricht dafür eindeutig die Tatsache, dass „Baukultur", seitdem die im Januar 2018 verfasste Davos Declaration den Untertitel ‚European Ministers of Culture call for a policy of high-quality Baukultur' trug, ein international gültiger Begriff ist. Obschon die Deklaration englischsprachig ist, wurde der Begriff „Baukultur" nicht übersetzt, denn „building culture" oder „architectual quality" erfassen den integrierten, fachübergreifenden hohen Qualitätsanspruch im Umgang mit gebauten Räumen in Städtebau und Architektur nicht, der in Deutschland damit gemeint ist. Alle 35 Ländervertreter und Institutionen, die die Erklärung verabschiedet haben, haben uns dazu beglückwünscht, was uns natürlich sehr gefreut hat.

> Erfährt die deutsche Architektur damit eine Wertschätzung, wird sie möglicherweise zu einem erfolgreichen Exportgut? Oder ist damit zunächst nur der Begriff gemeint?

Es sind der Begriff und der integrierte Ansatz, die dazu führen, dass die Architekten gemeinsam mit den Fachingenieuren, mit der Bauwirtschaft, der Stadtgesellschaft und den Nutzern ein außergewöhnlich gutes Gesamtergebnis produzieren. So finden auch die Bauwerke dieser baukulturellen

Strategie zunehmend internationale Beachtung. Die deutschen Architekten spielen in einer hohen Liga. Das in diesem Jahr in Cannes mit dem MIPIM Award ausgezeichnete Projekt von meyerschmitzmorkramer, das Katholisch-Soziale Institut Abtei Michaelsberg, ist in jeder Weise herausragend und wurde zu Recht ausgezeichnet. Auch die Supermarkt-Aufstockung pa1925 von zanderrotharchitekten in Berlin, die für einen Preis nominiert war, zeigt, wie wohltuend qualitätsvoll und international wahrgenommen die deutsche Architektur derzeit ist.

> Hat es Sie überrascht, dass diese eher kleinen, bescheidenen, durchaus funktionalen Projekte, bei denen die Herausforderung auch darin lag, sich mit dem Bestand auseinanderzusetzen, mit dem MIPIM Award ausgezeichnet wurden und nicht die großen Glamourbauten?

Qualität ist ja keine Frage des Maßstabs. Im Gegenteil, diese riesigen investorenbezogenen Projekte, die zurzeit in vielen arabischen Ländern gebaut werden – Malls mit 1 Million Quadratmeter Brutto-Grundfläche – sind Saurier, die durch ihre schiere Größe beeindrucken. Das muss keine gute Architektur sein, im Gegenteil – häufig ist es reine Massenware.

> Geht es bei guter Architektur denn auch um Kostentreue, Zeitmanagement, Nachhaltigkeit und Lebenszeit?

Mir ist das sehr wichtig. Ich glaube aber nicht, dass es ein allgemein gültiger Maßstab ist. Es ist jedoch für das Selbstwertgefühl gut zu wissen, dass deutsche Architekten zum richtigen Zeitpunkt und im Rahmen der vereinbarten Kosten Qualität liefern. Dafür gibt es viele positive Beispiele, zu denen eben auch der Michaelsberg gehört. Wir als Bundesstiftung erstellen gerade eine Positivliste und wollen damit nach außen kommunizieren, wo unsere Stärken liegen. Zurzeit leidet die Branche noch unter dem Stigma, das der Flughafen Berlin Brandenburg, Stuttgart 21 oder die stetig gestiegenen Kosten der Elbphilharmonie verursacht haben. Der Flughafen Berlin Brandenburg wirkt weltweit rufschädigend – wie häufig haben wir von Investoren zu hören bekommen: „Macht erst mal euren Flughafen fertig, bevor wir wieder miteinander reden." Darunter leiden natürlich auch die Architekten gmp, die in der Gestaltqualität eine hervorragende Arbeit geleistet haben.

> Welche Rolle spielen die Bauherren?

Die Bauherren, die Entscheider, sind maßgeblich für die Qualität der Architektur. Daher gehen wir als Bundesstiftung Baukultur auf die Immobilienmessen in Cannes oder München, wo wir mit den Entscheidern ins Gespräch kommen wollen.

> Im Fall des Michaelsbergs war der Bauherr das Erzbistum Köln, das ja schon häufiger mit sehr qualitätsvollen Bauten aufgefallen ist.

Kirchliche oder öffentliche Bauherren tragen eine ganz besondere Verantwortung. Dass sie diese Verpflichtung ernst nehmen, belegt die Tatsache, dass viele ihrer Bauten mit Architekturpreisen ausgezeichnet wurden. In letzter Zeit ist allerdings deutlich zu spüren, dass vorgeschriebene ÖPP-Verfahren aus baukultureller Sicht teilweise negative Auswirkungen zeigen. Aber auch die Immobilienwirtschaft holt auf und errichtet immer mehr qualitätsvolle und preiswürdige Bauwerke.

> Hat deutsche Architektur denn das Potenzial, sich zu einem erfolgreichen Exportgut zu entwickeln?

Einige Büros sind mit großer Kontinuität seit Dekaden zum Beispiel in China sehr erfolgreich. Ich denke, dass deutsche Büros, die sich auf den internationalen Markt wagen, sehr gute Karten haben. Sie liefern Qualität, sind zuverlässig, professionell und freundlich. Sie können sich in den verschiedenen Kulturkreisen gut bewegen. Was Deutschland jedoch nicht hat, ist ein aggressives Marketing oder ein aggressives Expansionsverhalten, da sind die Franzosen und Amerikaner viel dynamischer und vertreten die berufsständischen Interessen mit sehr viel mehr Nachdruck. In Deutschland gibt es mit dem NAX der Bundesarchitektenkammer einen dezenten Ansatz, aber man will ja auch nicht zu massiv werden, gibt sich lieber mit vornehmer Zurückhaltung. Deshalb ist da noch Luft nach oben. Wenn man sich entscheidet, international wirksam zu werden, ist diese Zurückhaltung eher ein Handicap. Man muss aktiv in diese Märkte reingehen.

> Sie wünschen sich hier mehr Aktivität?

Wir als Bundesstiftung haben auch den Auftrag, die deutsche Baukultur international zu einem Thema zu machen und dazu beizutragen, das Renommee deutscher Architekten und Ingenieure im Ausland zu etablieren. Daran arbeiten wir, indem wir zum Beispiel unseren Baukulturbericht auf Englisch und Französisch übersetzen und in die Welt verschicken. Steter Tropfen höhlt den Stein, und ich merke, dass die Wahrnehmung zunehmend besser wird.

Neben den Architekten, die auch selbst aktiv werden müssen, spielen insbesondere die Netzwerke eine Rolle. Wir alle, von der Außenwirtschaft des Außenministeriums über das Netzwerk der Architektenkammern bis zur Bundesstiftung Baukultur, haben die Aufgabe, den Ruf der integrierten deutschen Planung weltweit positiv zu verbreiten. Das heißt auch, dass man die Architekten vor Ort nicht alleine lässt, sondern Präsenz zeigt und ihnen den Rücken stärkt.

Autorin: Uta Winterhager

"German architects play in a major league."

Made in Germany stands for an approach to product design that is well-known worldwide; could German Baukultur establish itself in a similar way?

Reiner Nagel That's difficult to say from a German perspective – an outsider's view would be more impartial. But if you try to adopt an external perspective, the fact that the German term „Baukultur" (building culture) has gained international currency since the Davos Declaration of January 2018 was subtitled "European Ministers of Culture call for a policy of high-quality Baukultur" is a clear indication. Although the declaration is in English, the word "Baukultur" was not translated because "building culture" or "architectural quality" do not express the same integrated, interdisciplinary, high-quality approach to interacting with built spaces in urban planning and architecture that is meant by the German term. All 35 country representatives and institutions who adopted the declaration congratulated us on this – naturally to our delight.

Is this a sign of recognition for German architecture, could it become a successful export item? Or is it just about the word Baukultur for the time being?

It is the word and the integrated approach that make architects deliver an exceptional overall result together with specialised engineers, the construction industry, urban society, and the users. Hence, buildings resulting from this Baukultur strategy are gaining international recognition. "German architects play in a major league." This year's winner of the MIPIM Award in Cannes, the Catholic-Social Institute Michaelsberg Abbey by meyerschmitzmorkramer, is definitely outstanding in every way and rightly won the accolade. And the pa1925 supermarket extension by zanderrotharchitekten in Berlin, which received a nomination, also shows the satisfyingly high quality standards and international acclaim German architecture has now reached.

Did it surprise you that these rather small, modest, even quite functional projects, where the challenge also lay in interacting with existing buildings, received the MIPIM Award and not the big glam projects?

Quality is not a matter of size. On the contrary, these huge investor-focused projects that are now being built in many Arab countries – malls with a gross floor area of 1 million square metres – are dinosaurs that impress with their sheer size. This is not necessarily good architecture, on the contrary – it's often very run-of-the-mill.

Is good architecture also about budget adherence, time management, sustainability, and lifespan?

These factors are very important to me. But I don't think they are universal benchmarks. However, it is good for our self-esteem to know that German architects deliver a quality product on time and within the budgeted costs. There are many positive examples of this, including Michaelsberg. We, as a federal foundation, are now creating a positive list, which will help us communicate where our strengths lie. At present, the industry is still suffering from the stigma caused by Berlin Brandenburg Airport, Stuttgart 21, and the ever-rising costs of the Elbphilharmonie. Berlin Brandenburg Airport has harmed our reputation worldwide – how often have investors told us: "Finish your airport first, then we can talk again." Of course, this has also harmed gmp, the architects who have done a great job in terms of design quality.

> What role do building owners play?

Building owners, the decision-makers, are crucial for the quality of the architecture. That's why we, as the German Baukultur Foundation, attend the property trade shows in Cannes and Munich, so we can talk to the decision-makers.

> In the case of Michaelsberg, the owner was the Archdiocese of Cologne, which has often been noted for its high-quality buildings.

Church or public building owners have a great responsibility. The fact that many of their buildings have won architecture awards proves that they take this commitment seriously. Recently, however, some negative effects of prescribed PPP procedures on Baukultur have been strongly felt. But the property industry is also catching up and building more high-quality and affordable buildings.

> Does German architecture have the potential to become a successful export item?

Some architects have been very successful with a great consistency for decades, for example in China. I think that German firms who venture into the international market stand good chances. They deliver a high-quality product, are reliable, professional, and friendly. They get along well in different cultures. But what Germany doesn't have, is aggressive marketing or aggressive expansion strategies, as the French and Americans are much more dynamic and represent professional interests with much more vigour. In Germany, the Network for Architecture Exchange (NAX) of the Federal Chamber of Architects favors a modest approach – we don't want to be too heavy-handed and prefer to show some polite restraint. So that's definitely something we should work on. If we want to make our mark internationally, this restraint is rather a hindrance. You have to enter these markets pro-actively.

> You would like us to take more action?

Our mission, as a federal foundation, is also to put German Baukultur on the international map and help establish the reputation of German architects and engineers abroad. That's what we are working on. For example we translate our Baukultur reports into English and French and send them out into the world. Constant dripping wears away a stone, and I can see that we are gaining more attention now.

Alongside the architects, who also need to be pro-active, networks play a particularly important role. All of us – the Foreign Trade Office of the German Foreign Ministry, the network of architects' associations, or the German Baukultur Foundation – must communicate the reputation of integrated German project development in a positive way. This also means that architects on site must not be left alone, but we must make our presence felt and give them our support.

Author: Uta Winterhager

Understanding

Listening, absorbing, understanding. Planning for today, thinking for tomorrow. Preserving what is worthwhile, while adding new ideas.

Neuer Blick über den Isar-Rand

München und meyerschmitzmorkramer: konzeptionelle Architektur und frische Stadtplanung

(S. 55)
Anzinger Straße, München

Links oben: Hochstraße, München
Rechts oben/unten: Macherei, München

57

2015 eröffnete meyerschmitzmorkramer ein eigenes Büro in München, im Gepäck zwei gewonnene Wettbewerbe und den gerade fertiggestellten Theresienhof. Kein schlechter Start. Inzwischen arbeiten an der Isar 15 Mitarbeiter, sie betreuen fünf Projekte zeitgleich. Allesamt entstanden sie aus Wettbewerben, und immer waren die Architekten ganz vorne dabei. Die Projekte Hochstraße, Anzinger Straße, Paul-Gerhardt-Allee sowie die Macherei und das Diamalt-Quartier zeigen ein Spektrum dessen, was die bayerische Landeshauptstadt so treibt: die stetige Transformation der „Weltstadt mit Herz" zur Metropole. Eine Erfolgsgeschichte also – eine, die für konzeptionelle und gestalterische Qualität steht. Was aber zeichnet die Allrounder meyerschmitzmorkramer aus, die Wohnungsbau genauso engagiert betreiben wie Bürobauten oder Stadtplanung? Vielleicht ist es genau das: synthetische Fähigkeiten, Grenzen des konventionellen Denkens zu überschreiten, und ein „grundsätzlich anderer Blick auf München". Diese frische Perspektive auf eine Stadt, die sich zu einer „Immobilien-Supernova" (AD Special Immobilien) entwickelt, drückt sich in ebenso neuen Bauten aus, die aus dem Kontext heraus entstehen, selbst wiederum Kontext schaffen und bereit sind, im Organismus Stadt aufzugehen.

Nun ist Stadtentwicklung ein komplexes Gebiet. Es ist mehr als ambitioniert, in großem Maßstab neue Viertel zu entwickeln. Und es ist schwer, Urbanität am Reißbrett zu erzeugen. „Viel einfacher ist es, einen Block in einem gewachsenen Stadtquartier zu ersetzen", sagt Holger Meyer. Wichtig sei ein „Denken vom Großen ins Kleine, vom öffentlichen Raum bis zum privaten Raum". Es geht um konkrete Entscheidungen – Erschließung, Dichte, Raumbildung –, die als Bindeglieder zwischen Wohnung, Haus, Block und Quartier fungieren: etwa um die Frage, wie Eingänge gesetzt werden, wie privat sich Loggien und Balkone anfühlen und wie das Wohnen im Erdgeschoss gelöst ist, samt möglicher Gärten vor dem Haus. „Das sind Fragen, die uns konzeptionell beschäftigen", sagt Holger Meyer. „Wir versuchen für die Menschen, die das Haus und das Quartier bewohnen, einen Anker zu schaffen", ergänzt Gregor Gutscher. „Es geht immer um die emotionale Frage, wie man sich mit seinem Quartier identifiziert." Wenn es tatsächlich um Gefühle geht, sind sie ein guter Gradmesser, die Qualität eines Quartiers zu messen – nicht in abstrakten Raumangaben oder Größen, sondern konkret als Bauchgefühl. Fühlt es sich gut an, angemessen?

München bauen

So entstehen unterschiedliche Quartiere wie die Macherei mit ihren Loft-geprägten Grundrissen und ihrer robusten Industrieatmosphäre sowie Wohnbauten rund um die denkmalgeschützten ehemaligen Fabrikgebäude der Diamalt AG in München-Allach und neben der ehemaligen Paulaner Brauerei am Nockherberg an der Hochstraße.

Mit ihren plakativen Fassaden und ihrem Loft-Charme stellt die Macherei ein Highlight dar. Die Bürobauten verweisen mit hohen Geschossen und kubischen Fensterfronten auf die Herkunft des Geländes als Industrie-Areal.

Etwas versteckt zwischen den beiden Gebäuden liegt das Torgebäude, liebevoll „Nachtkastl" genannt, welches die klassische Industriearchitektur ins Hier und Jetzt bringt und den Eingang zum neuen Quartiersplatz markiert. Hier wird deutlich, wie kraftvolle Architektursprache Identität vermittelt. Vielfalt ist Programm, zumal auch zwei andere

Architektenteams am Gesamtkomplex mitwirken, Kollegen von HWKN Hollwich Kushner aus New York sowie OSA Ochs Schmidhuber Architekten aus München. Ein übergreifender Gestaltungskanon – Klinker erinnern an die alten Ziegeleien des Viertels – sorgt dafür, dass trotz klar erkennbarer Einzelgebäude eine übergeordnete Adresse im Münchner Osten wächst.

Ähnlich gelingt es dem ehemaligen Paulaner-Areal im Herzen der Au, ein Quartier zu bilden. Rund um einen begrünten Innenhof entstehen 13 Einzelhäuser: Vier werden von meyerschmitzmorkramer geplant, die anderen von „Rapp + Rapp" aus Amsterdam sowie den Münchner „su und z Architekten". Zusammen bilden sie ein geknicktes Band mit großzügigen Freiflächen und viel Grün, bis hin zu Dachgärten zur Privatnutzung. Eigentlich, sagt Gutscher, sei die Hochstraße die Neu-Interpretation einer Gründerzeitstadt. Deren Qualitäten wolle er positiv weiterschreiben. Dazu gehört ein kluger Umgang mit Rückzugsräumen und Privatheit, also Höfe, die klar definiert sind, ohne sich vom öffentlichen Raum abzuschotten. „Landschaftsarchitekten gehören untrennbar dazu", sagt Holger Meyer, „als Mitgestalter, wir möchten ihren kreativen Input und fördern deshalb den kritischen Diskurs untereinander. Das bringt beide Seiten weiter."

Zusammenarbeit

Zusammenarbeit aus Prinzip? Bei meyerschmitzmorkramer sprechen Architekten und Landschaftsplaner in Workshops über das Projekt. Wie definiert man einen charaktervollen Außenraum als integralen Teil des Gesamtkonzepts? Das Formale spielt hier keine Rolle, im Mittelpunkt stehen subtilere Qualitäten des Ortes. Letztlich geht es um die Frage: Wie wollen wir leben? Holger Meyer bringt es auf den Punkt: Dinge seien dann gut, wenn sie auch in Besitz genommen werden können. „Sie müssen verkraften, dass sie sich verändern, dass sie individualisiert werden." Mit einer Einschränkung: Es brauche gestalterische Regularien, wie der öffentliche Raum Qualität behält, eine dauernde Abwägung namens Leben in der Stadt. Genau darum geht es, wenn sich Menschen mit ihrem Kiez verbinden. Und sagen: Hier wohne ich, hier bin ich zuhause.

München hat eine hohe Planungskultur, nicht erst seit Theodor Fischers Staffelbauordnung. Da ist der frische Blick von außen willkommen. Er führt dazu, dass Qualität in einem neuen Maßstab wachsen kann, da Städte sich nicht als autonome Blasen in einer fixierten Welt verstehen. Im Gegenteil. Städte konkurrieren um Bürger und Firmen, nicht zuletzt durch „weiche" Faktoren wie Kultur und Lebensqualität. Architektur wirkt hier als Klebstoff zwischen den abstrakten Werten einer Gesellschaft (wie viel Freiraum geben wir uns?) und den konkreten Anforderungen der Stadtgesellschaft vor Ort. „Viele Jahre hat sich München schwergetan mit moderner Architektur. Mittlerweile ist das Stadtbild durchaus von deutlichen Kontrasten geprägt, und der Umgang ist ein anderer, man kann mit der Stadtplanung ebenso traditionelle Ansätze diskutieren wie ganz zeitgemäße Lösungen", sagt Holger Meyer. In kurzer Zeit hat sich meyerschmitzmorkramer auch an der Isar einen Namen gemacht. Kein Wunder, dass sich die Architekten mit ihrer Stadt identifizieren. „Wobei es natürlich für uns schon wichtig ist, dass wir jetzt auch als Münchner wahrgenommen werden", sagt Holger Meyer. Gregor Gutscher nickt. Das ist es: Sie sind angekommen. Längst schon.

Autor: Dr. Oliver Herwig

Diamalt-Quartier, München

61

63

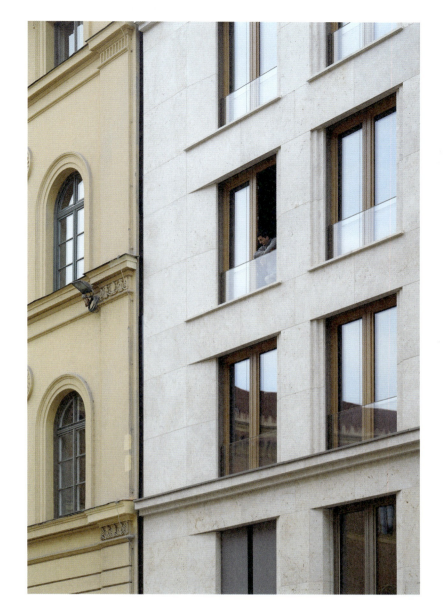

Theresienhof, München

Rethinking the Bavarian metropolis

EN

In 2015, meyerschmitzmorkramer opened its own office in Munich, having just won two competitions and recently completed the Theresienhof project. Not a bad start. Today, it has a 15-strong team in Munich, who is juggling five projects at the same time. All of them are the outcome of competitions, and the architects were always at the forefront. The projects: Hochstraße, Anzinger Straße, Paul-Gerhardt-Allee, "die Macherei", and the Diamalt Quarter run the gamut of what is happening in the Bavarian capital: a gradual transformation of the "Cosmopolitan City with a Heart" into a metropolis. In other words, a success story – one that stands for high-quality concepts and designs. But what sets them apart – those all-rounders at meyerschmitzmorkramer, who are just as committed to housing projects as to office towers or urban development? Perhaps that's the very reason: synthetic abilities that enable them to think outside the box and adopt a "completely different view of Munich". This fresh view of a city that is fast becoming a "property supernova" (AD Special Real Estate) is expressed likewise by new buildings that are developed in a context, which create contexts themselves, and are ready to merge into the organism that is the city.

Urban development is a highly complex field. It is more than ambitious to develop new districts on a large scale. And it's hard to create urbanity on the drawing board. "It is much easier to replace a block in an established urban neighborhood," says Holger Meyer. For him it is important to "think from big to small, from public space to private space". It is all about specific decisions – development, density, creating spaces – that connect dwellings, buildings, blocks, and neighborhoods: for example, the question of where entrances should be placed, how private terraces and balconies feel, and how solutions can be found for ground-floor living, including possible gardens in front of the house. "These are issues that concern us conceptually," says Holger Meyer. "We try to create an anchor for the people who live in the building and the neighborhood," adds Gregor Gutscher. "It's always about the emotional question of how you identify with your neighborhood." If it is really all about feelings, they are a good yardstick for measuring the quality of a neighborhood – not in abstract spatial dimensions or specifications, but physically as a gut feeling. Does it feel good, feel suitable?

Building Munich

This is how different kinds of neighborhoods are created, such as the Macherei district with its loft-style floor plans and rugged industrial atmosphere or the residential buildings around the listed former Diamalt AG factory in Munich-Allach and on Hochstraße.

With its striking façades and loft-style charm, the Macherei is a highlight. The office buildings with high-ceilinged storeys and cubic window fronts point to its roots as a manufacturing site.

Somewhat hidden between the two buildings lies the gatehouse, affectionately nicknamed "nachtkastl", which takes traditional industrial architecture into the here and now. This is a good example of how powerful architectural language can convey an identity. Diversity is the key, especially as two other teams of architects are also involved in the project: colleagues from HWKN Hollwich Kushner in New York and OSA Ochs Schmidhuber Architekten in Munich. An overarching design canon – with clinker bricks evoking the old local brickworks –

ensures that, despite the clearly discernible individual buildings, a district with a common identity is growing in the east of Munich.

The former Paulaner site in the Au district is equally successful in its transformation into a new neighborhood. 13 individual buildings are being erected around a green courtyard: Four to be designed by meyerschmitzmorkramer, the others by "Rapp + Rapp" from Amsterdam, and Munich-based "su und z Architekten". Together, they form a folded band with generous open spaces and lots of green areas, including private roof gardens. Actually, says Gutscher, Hochstraße is a new interpretation of a gründerzeit city. He wanted to rethink its qualities in a positive way. This includes a smart approach to retreat areas and privacy, i.e. courtyards that are clearly defined without being closed off from public areas. "Landscape architects are an inseparable part of this," says Holger Meyer, "as co-creators, we want their creative input and therefore encourage a critical discourse. This benefits both sides."

Cooperation

Cooperation as a matter of principle? At meyerschmitzmorkramer, architects and landscape designers discuss the project in workshops. How do you define an outdoor space with a distinctive character as an integral part of the overall concept? Formal aspects take a back seat, the focus is on the more subtle qualities of the location. Ultimately, it's all about the question: How do we want to live? Holger Meyer gets to the point: Things are good if people can appropriate them. "They have to be able to cope with change and with being individualized." But there's one caveat: We need design regulations telling us how public spaces should retain their quality, a constant balancing act – also known as "living in the city". That's what it's all about when people identify with their neighborhood and say: This is where I live, this is my home.

Munich has a high-level planning culture, not only since Theodor Fischer's urban planning regulations. A fresh view from the outside is welcome. It enables quality to grow on a new scale, since cities do not see themselves as autonomous bubbles in a static world. On the contrary: Cities compete for people and companies, not least through "soft" factors like culture and quality of life. Architecture is the glue between abstract societal values (how much freedom do we allow ourselves?) and the specific needs of a local urban society. "For many years, Munich has had difficulties with modern architecture. But now, the cityscape is definitely one of strong contrasts, and attitudes have changed; you can discuss both traditional approaches and contemporary solutions with the local urban planning authorities," says Holger Meyer. Within a short space of time, meyerschmitzmorkramer has made a name for itself in the Bavarian metropolis. No wonder that the architects identify with their city. "Of course, it's important to us that people now also see us as a Munich company," says Holger Meyer. Gregor Gutscher nods. That's it: They have arrived. Not just yesterday, but long ago.

Author: Dr. Oliver Herwig

Abenteuer Arbeit: der Heinrich Campus von Deloitte in Düsseldorf

Es wird eine Stadt in der Stadt: Der Heinrich Campus von Deloitte in Düsseldorf ist künftig die berufliche Heimat von rund 3000 Mitarbeitern des Prüfungs- und Beratungsunternehmens. Das Unternehmen macht vor, wie Arbeit neu zu denken ist – gemeinsam mit meyerschmitzmorkramer entsteht ein Konzept für die Officewelt von morgen. Warum diese künftig mehr Heimat als nur bloßer Bürostandort sein wird, Service, Austausch, Sport, Gastronomie und neue Mobilitätskonzepte vereinen wird, diskutieren Gerd Corbach von Deloitte und Caspar Schmitz-Morkramer.

67

Herr Corbach, die Entwicklung neuer Arbeitsformen ist Ihre Profession und Leidenschaft. Wann haben Sie begonnen, sich intensiv mit dem Thema zu beschäftigen, und wie sah ein Arbeitsplatz seinerzeit bei Deloitte aus?

Gerd Corbach Als Verantwortlicher für die Flächenentwicklung von Deloitte in Deutschland setze ich mich seit über 15 Jahren mit diesem Thema auseinander. Damals haben wir „klassische" Arbeitsplätze für Wirtschaftsprüfer und Steuerberater geschaffen. Ausgangspunkt war das typische Zellenbüro mit ein oder zwei Mitarbeitern. Akten und Papier dominierten die Arbeit. Davon haben wir uns bei Deloitte im Zuge der Digitalisierung und Flexibilisierung der Arbeit entfernt – heute verfolgen wir einen wesentlich dynamischeren Ansatz der Arbeitsgestaltung.

Durch die Orientierung hin zu digitalen Themen haben sich die Anforderungen an Büros, auch die Ansprüche an die Deloitte-Offices, verändert. Welche Arbeitsumgebungen wollen Sie speziell in Düsseldorf schaffen?

Gerd Corbach In Düsseldorf wollen wir mit dem Heinrich Campus eine moderne und innovative Arbeitsumgebung schaffen, die optimal auf die digitalen Anforderungen unserer Zeit zugeschnitten ist. Das bedeutet, dass die Mitarbeiter ihren Arbeitsplatz flexibel wählen können und je nach Tätigkeit geeignete Arbeitssituationen vorfinden. Obwohl wir grundsätzlich auch die Arbeit von zu Hause unterstützen, soll das neue Düsseldorfer Office mithilfe optimaler Technik für die Mitarbeiter attraktiv sein und sie zur Arbeit im Büro einladen. Es wird eine Aufgabe sein, diesen Raum entsprechend zu gestalten. Die Antworten, die wir in Düsseldorf geben, gelten auch für andere Standorte wie Frankfurt, München und Berlin.

Welche Antworten gibt die Architektur auf diese Wünsche?

Caspar Schmitz-Morkramer Wir befinden uns in einem intensiven Planungsprozess mit Deloitte. Das ist die Besonderheit des gemeinsamen Weges: Wir wollen nicht vorgeben, wie gearbeitet werden soll, sondern vielmehr eine Architektur gestalten, die Angebote für moderne Arbeitsprozesse schafft. Eine unserer Antworten lautet: Mitarbeiter brauchen in digitalen Zeiten mehr denn je eine berufliche Heimat. Arbeit ist vor allem Teamleistung – wir verstehen Deloitte als einen riesigen Thinktank aus Wirtschaftswissenschaftlern, Juristen, Naturwissenschaftlern, Ingenieuren, Designern, Softwareentwicklern und weiteren Fachleuten aus allen Branchen. Wenn wir über den Bürotrend von morgen sprechen, geht es in erster Linie um unterschiedliche Orte für verschiedenste Situationen. Unsere Ergebnisse werden eine Initialzündung für eine ganze Reihe neuer Standorte von Deloitte sein.

Gerd Corbach Wir suchen nicht den Architekten, der uns einfach etwas hinstellt. Wir suchen einen Partner, der uns versteht, um das Maximale und Notwendige machbar zu machen: Das neue Gebäude muss sich den rasant wandelnden Anforderungen an Arbeitsplätze anpassen können. Ebenso müssen wir aktuelle Lifestyle-Veränderungen berücksichtigen. Beispielsweise müssen wir den „Foodtrends" folgen – rund 25 Prozent der Studenten sind heute Veganer. Natürlich kann ich ihnen weiterhin Schnitzel anbieten, aber dann habe ich sie nicht verstanden. Diese Studenten werden unsere Mitarbeiter von morgen sein, also müssen wir hinhören.

> Arbeit wird mobil. Wie lässt sie sich in einer Immobilie, vom Wort her schon ein Widerspruch, integrieren?

Caspar Schmitz-Morkramer Das Gebäude ist zwar eine Immobilie, lässt sich also nicht einfach wegräumen und ist Teil des Stadtbilds. Aber wir geben als Architekten mit der Immobilie nur die Hülle vor. Man könnte sie wie ein Theater verstehen, in dem man das Bühnenbild immer wieder austauschen kann. Es gibt Themen, die sich bei Deloitte ständig weiterentwickeln. Die Durchführung von Konferenzen und Veranstaltungen wird zum Beispiel in zehn Jahren anders sein als heute, aber auch dann muss die Immobilie das noch tragen können.

Gerd Corbach Wir denken immer noch zu sehr wandorientiert, gerade bei Projektionsflächen. In kurzer Zeit werden wir mit Holografien oder Virtualität arbeiten. Das Theaterbild ist sehr passend: Alles wird sich bewegen, es wird mehr passieren, und dafür muss sich der Raum eignen.

> Das Digitale ersetzt mehr und mehr den Alltag – braucht man dann in Zukunft überhaupt noch Büro-Immobilien?

Caspar Schmitz-Morkramer Ganz klar: Ja! Das Büro ist die Visitenkarte für mein wichtigstes Gut: meine Mitarbeiter. Menschen suchen das Miteinander und den Austausch. Das persönliche Gespräch ist nicht ersetzbar. Das Büro ist Werbemittel für gute Mitarbeiter, das Potenzial, für das wir alle kämpfen. Man kann vieles mit Technik machen – das Einzige, was man nicht kann, ist ernsthaft kommunizieren. Dafür müssen wir dem Menschen Orte schaffen, damit er im unmittelbaren Austausch seine Ideen entwickeln kann.

> Welche Art der Arbeit soll der Heinrich Campus fördern?

Gerd Corbach Im Heinrich Campus wird es für jede Art von Arbeit einen geeigneten Platz geben. Das Stichwort „activity-based working" beschreibt dies gut: Open-Space-Bereiche für die ungelenkte, offene Kollaboration, Team-Räume für das gemeinsame Erarbeiten von Themen, Telefonräume für ungestörte Telefonate sowie Thinktanks für das konzeptionell konzentrierte Arbeiten. Außerdem soll die informelle Begegnung in Lounges oder in zentralen Food-Courts gefördert werden. Hier entstehen oft die besten Ideen.

> Auch das muss im architektonischen Rahmen bedacht werden ...

Caspar Schmitz-Morkramer Wir schaffen zuerst das Spielfeld und beginnen dann, es zu füllen. Es ist ein breites Spektrum, über das wir intensiv diskutieren. Beispielsweise das Thema Mobilität: Wie wird sie sich verändern? Wir definieren Fahrradstellplätze in Anbindung zu Duschen und Umkleiden und planen für die Tiefgarage E-Tankstellen mit ein. Es ist gut, die Zeiträume aktiv vorzudenken. Die Tiefgaragen, die wir heute bauen, müssen morgen vielleicht anders genutzt werden, weil sich das Thema Mobilität grundlegend verändern wird.

> Erlebte man früher bei großen Unternehmen geschlossene Zugänge, wird heute vielfach die Öffnung des Unternehmens immer wichtiger. Ist das bei Deloitte auch ein Thema?

Gerd Corbach Ja, die Öffnung nach außen ist bei Deloitte ein zentrales Thema. Im digitalen Zeitalter müssen Unternehmen ihr „Ökosystem" für verschiedenste Akteure öffnen und in Netzwerken zusammenarbeiten. Zugleich möchten sie erlebbar sein und sich präsentieren. Eine auch für Externe nutzbare Gastronomie bietet sich hier an. Diese Öffnung in Einklang mit den hohen Sicherheitsstandards zum Schutz unserer Mitarbeiter und Daten zu bringen, ist dabei eine Herausforderung, die es zu meistern gilt.

> Herr Schmitz-Morkramer, Sie sind ein Verfechter des öffentlichen Raumes. Eine Ihrer Thesen lautet: Ein Haus muss sich mit der Stadt auseinandersetzen, dorthin passen.

Caspar Schmitz-Morkramer Wenn wir nur noch Bastionen bauen, kann es keine Stadt mehr geben. Öffentlicher Raum entsteht, wenn die Häuser beginnen, mit der Stadt zu kommunizieren. Deloitte ist ein gutes Beispiel dafür: Wir schaffen ein Stück öffentlichen Raums, den es heute dort noch gar nicht gibt – etwa mit dem großen Boulevard, den wir bauen und der teilöffentlich wird. Viele Menschen werden dieses Bild von Deloitte mitnehmen, das Haus zeigt nach innen und außen eine klare Haltung. Wir bauen ein Gebäude, das nicht nur in das Umfeld hereinpasst, sondern auch in Würde altern kann, mit einer Qualität, die man auch in 20 Jahren noch gerne anschaut.

> Ein wichtiger Punkt ist für Deloitte die Dienstleistung für Mitarbeiter. Werden diese Annehmlichkeiten in Deutschland immer wichtiger?

Gerd Corbach Der Service-Gedanke nimmt einen immer größeren Stellenwert ein, wenn es um Mitarbeiterrekrutierung geht. Um die begehrten Fachkräfte für sich zu gewinnen, sind überzeugende, ganzheitliche Konzepte erforderlich. Hier versuchen wir, nicht nur Mitläufer, sondern Vorreiter zu sein, um das private und berufliche Leben unserer Mitarbeiter in Einklang zu bringen.

> Werden Arbeitgeber heute nach den besten Service-Angeboten ausgewählt?

Caspar Schmitz-Morkramer Die weltweiten Wege sind kürzer geworden. Man hat viel gesehen, der Arbeitsmarkt ist internationaler geworden. Die Menschen, die kommen, haben einen festen Blick auf einen ausgewogenen Arbeitsplatz mit vielen Angeboten, nicht zuletzt auf das Thema Work-Life-Balance.

Gerd Corbach Zugleich müssen wir uns mit anderen Unternehmen messen und besser sein. Die Generation Z, die bald ihren Anteil im Heinrich Campus haben wird, braucht einen attraktiven Rahmen, ein kreatives Umfeld und eine Dienstleistung. Dazu ist der Campus Heimstatt. Man bricht zum Arbeiten auf, um sich zu Hause zu fühlen. Wir möchten eine Umgebung schaffen, in die man gerne geht: Eben weil die Arbeit einen großen Teil des Lebens abbildet.

Herr Schmitz-Morkramer, Sie sind weltweit unterwegs, beobachten insbesondere die Büroszene in den USA. Wie stellt sich die Situation dort dar?

Caspar Schmitz-Morkramer Es ist lockerer geworden, die Leute wollen tatsächlich mehr wohnliche Arbeitsplätze. Das spiegelt sich in Einrichtungen, im Bürolayout und im Bereich der Außenräume. Auch da haben wir im Heinrich Campus wunderbare Flächen: Höfe und Dachterrassen, mit denen wir agieren können.

Wo steht Deutschland im internationalen Vergleich? Verschläft es – wie befürchtet – zu einem großen Teil die digitale Transformation?

Gerd Corbach Wir sind nicht umsonst eine erfolgreiche Volkswirtschaft. Weil wir nicht verschlafen, sondern gut sind. Nicht jede Veränderung bedeutet Fortschritt. Deutschland bildet keine Ausnahme, auch die anderen europäischen Länder suchen nach Antworten. London bietet ein anderes Umfeld als Düsseldorf oder Paris. Ich arbeite jetzt mit meyerschmitzmorkramer zusammen, um uns für die nächsten zehn Jahre aufzustellen – und natürlich auch in die Zukunft hinein zu phantasieren.

Caspar Schmitz-Morkramer Das Wort Veränderung macht in Deutschland seit jeher Angst. Der Ansporn ist, Digitalität und ihre Vorteile positiv zu nutzen. Dann kann Digitalität vieles. Nur eines nicht – den persönlichen Kontakt ersetzen.

Autorin: Inken Herzig

73

Adventure of work: Deloitte's Heinrich Campus in Dusseldorf

EN

Mr. Corbach, the development of new work concepts is your profession and your passion. When did you start engaging so intensively with the topic and what did a Deloitte workplace look like back then?

Gerd Corbach As Deloitte Germany's Director Facility Management, I have been dealing with this topic for over 15 years. Back then, we created "traditional" workplaces for auditors and tax consultants. They were based on the typical cellular office with one or two employees. Their work was dominated by paper files and documents. We at Deloitte have shifted away from this by digitizing and making our work more flexible – today our approach to workplace design is much more dynamic.

The focus on digital topics has changed the demands placed on offices, including the requirements for Deloitte's offices. What kind of work environments do you want to create specifically in Dusseldorf?

Gerd Corbach With the Heinrich Campus in Dusseldorf we want to create a modern and innovative work environment that is optimised to meet today's digital requirements. This means that employees can choose their workplace flexibly and will find the right work situation for each activity. Although we basically also support working from home, the new Dusseldorf office with its state-of-the-art technology should be an attractive and inviting workplace for employees. One of our tasks will be to design this space accordingly. The answers we come up with in Dusseldorf will also apply to other locations such as Frankfurt, Munich, and Berlin.

What are architecture's answers to these wishes?

Caspar Schmitz-Morkramer We are engaged in an intensive planning process with Deloitte. That's what makes our shared path so special: We don't want to tell people how to work, but rather create an architecture that gives them options for modern work processes. One of our answers is: What employees need more than ever in the digital age is a professional home. Work is above all teamwork – we see Deloitte as a huge think tank of economists, legal experts, scientists, engineers, designers, software developers, and other experts from all fields. When we talk about the office of the future, it's primarily about different places for a wide range of situations. Our findings will launch a whole series of new Deloitte sites.

Gerd Corbach We're not looking for an architect who will simply give us a ready-made building. We want a partner who understands us, can maximize our options, and fulfill our needs: The new building must be able to adapt to rapidly changing workplace requirements. In addition, we must take today's fluctuating lifestyle trends into account. For example, we have to follow "food trends" – around 25 percent of today's students are vegans. Of course, I can still offer them roast beef, but that means I don't really understand them. These students will be our employees of tomorrow, so we have to listen to them.

Work goes mobile. How can it be integrated into an immovable property, a contradiction in terms?

Caspar Schmitz-Morkramer The building is an immovable property – you can't simply remove it – and forms part of the cityscape. But when we architects create a building, it is only a shell. You could see it as a kind of theater, where you can keep changing the stage design. Some topics are constantly evolving at Deloitte. For example, the way conferences and events are organized will be different in ten years' time, but even then the building will have to adapt.

Gerd Corbach Our thinking still centres too much on walls, especially for projections. Soon we will be working with holographic images or VR. The theater is an appropriate metaphor: Everything is in flux, more changes will happen, and we need the right space for this.

> Digital reality is replacing everyday life – will we still need office buildings in the future?

Caspar Schmitz-Morkramer Yes, definitely! The office is the showcase for my most important asset: my employees. People want to come together and communicate. Face-to-face encounters are not replaceable. The office is an advertising tool for great employees, the potential we are all fighting for. There is a lot you can do with technology – but the one thing you can't do is communicate in earnest. To do this, we must create places where people can develop ideas by communicating face-to-face with others.

> What kind of work should the Heinrich Campus support?

Gerd Corbach The Heinrich Campus will offer a suitable place for any kind of work. The term "activity-based working" describes this very well: Open space areas for free and open collaboration, team rooms for exploring topics together, phone rooms for undisturbed telephone conversations, and think tanks for focused concept work. In addition, we want to encourage informal encounters in lounges or central food courts. This is often where the best ideas are born.

> Other things to include in the architectural framework …

Caspar Schmitz-Morkramer First we create a playing field and then we start filling it. This is a broad spectrum, which we are discussing intensively. For example, the topic of mobility: how will it change? We define bike parking spaces close to showers and changing rooms and include e-charging stations in our designs for the underground car park. It's good to anticipate time-frames pro-actively. The underground car parks we are building today may have to be used differently tomorrow, because mobility is a topic that will see some radical changes.

> While "closed doors" used to be standard at large companies, openness seems to be increasingly important today. Is that the case at Deloitte, as well?

Gerd Corbach Yes, promoting more openness is a major issue at Deloitte. In the digital age, companies must open up their "ecosystems" to a wide range of players and collaborate in networks. At the same time, they want to offer an experience and present themselves. A restaurant that can also be used by the public is one way to do this. Reconciling this openness with the high security standards we need to protect our employees and data is a challenge we must overcome.

> Mr. Schmitz-Morkramer, you are an advocate of public space. One of your theories is: a building has to engage with the city and adapt to it.

Caspar Schmitz-Morkramer If we only build fortresses, there can be no city anymore. Public space is created when buildings start communicating with the city. Deloitte is a good example: we are creating a public space that doesn't even exist there yet – such as with the grand boulevard that we are building and that will be partly open to the public. Many people will take this image of Deloitte home with them, the building reflects this approach both outwardly and inwardly. We are creating a building that not only fits into its surroundings, but can also age gracefully, with a quality that you will still be happy to see in 20 years' time.

> Services for employees are an important issue for Deloitte. Are these perks becoming increasingly important in Germany?

Gerd Corbach The service concept is becoming more and more important for recruiting employees. In order to attract the sought-after specialists, you need convincing, holistic concepts. We don't just want to follow the trend, but be pioneers, in order to offer our employees a good work-life balance.

> Do people choose employers according to the best services today?

Caspar Schmitz-Morkramer Distances have become shorter worldwide. People have seen a lot, the job market has become more international. Those who come here have their eye on a well-balanced workplace with many perks, not least to ensure a good work-life balance.

Gerd Corbach At the same time, we need to measure ourselves against other companies and be better. Generation Z, which will soon occupy part of the Heinrich Campus, needs an attractive setting, a creative environment and services. The campus is a home for this. You go to work and feel at home. We want to create an environment people will enjoy: precisely because work is such a big part of life.

> Mr. Schmitz-Morkramer, you travel all over the world, and are watching the office scene especially in the USA. What is the situation like there?

Caspar Schmitz-Morkramer It has become more casual, people actually want homier workplaces. This is reflected in the furnishings, in the office layout, and in the outdoor areas. We also have some great areas for this in the Heinrich Campus: courtyards and roof terraces we can work with.

> Where does Germany stand on an international scale? Is it – as feared – largely lagging behind in the digital transformation?

Gerd Corbach We are not a successful economy for nothing. Because we're not lagging behind, we're good. Not every change means progress. Germany is no exception, other European countries are also looking for answers. The environment in London differs from that in Dusseldorf or Paris. I am now working with meyerschmitzmorkramer so we can position ourselves for the next ten years – and, of course, imagine the future.

Caspar Schmitz-Morkramer The word change has always made people afraid in Germany. The incentive is to make positive use of digital technology and its advantages. Then digital technology can do a lot. Apart from one thing – replace face-to-face encounters.

Author: Inken Herzig

Trend zu informellen Meetings

Erlebnisflächen, Hubs, Rückzugsorte und die gute, alte Teeküche ganz anders gedacht: Was eine gute Bürofläche ausmacht, zeigt meyerschmitzmorkramer mit dem eigenen neuen Büro in Frankfurt. Holger Meyer über den Labor-Blick für das eigene Tun.

> Das Frankfurter Büro meyerschmitzmorkramer ist von der Neuen Rothofstraße in das ehemalige Handelsblatthaus gezogen – warum?

Holger Meyer Der Umzug stand an, weil unser Büro gewachsen ist und mehr Mitarbeiter eine größere Fläche benötigten. Darüber hinaus wollten wir uns anders organisieren und die Form der Kommunikation, die wir für unsere Kunden planen, auch im eigenen Kontext anwenden.

> Wie beschäftigt sich ein Architekturbüro mit den eigenen Arbeitsplätzen? Inwieweit sind diese Erkenntnisse auf die Projektarbeit übertragbar?

Die Themen, mit denen wir uns ständig auseinandersetzen, sind Kommunikation, Teamarbeit, offene Arbeitswelten und flexible Arbeitsplatzsituationen. Auch wenn wir es in einem kleineren Maßstab praktizieren als unsere Kunden, ist es wichtig, dass wir Erfahrungen selbst machen, damit sich unsere Ideen aus der eigenen Praxis ableiten.

> Betrachten Sie das eigene Büro deshalb als eine Art Labor?

Wir schauen uns an, was die anderen in der Kreativbranche machen, verfolgen Trends und Tendenzen. Die klassisch abgeschlossenen Besprechungsräume findet man heute immer seltener. Der Trend geht zu informellen Meetings und Situationen, die spontan entstehen – das passiert in offenen Zonen, die die Arbeitsplätze umgeben. Ebenso werden definierte Rückzugsräume benötigt. Das sind Themen, die man abbilden muss. Zugleich ist das ein Lernprozess, denn Menschen sind unterschiedlich, und man muss ihnen Möglichkeiten des Ausprobierens geben.

> Für Ihr neues Büro haben Sie zwei Etagen im ehemaligen Handelsblatthaus angemietet. Wie werden Sie die Arbeit organisieren?

Neu ist für uns, dass alle Mitarbeiter, die vorher auf drei Etagen saßen, nun auf einer Ebene arbeiten. Da wir in die Vertikale gewachsen sind, hatten wir das gleiche Problem, das viele unserer Kunden kennen: Wir befanden uns nicht nur auf mehreren Etagen, sondern sogar in zwei Gebäuden – die interne Kommunikation funktionierte nicht mehr. Uns beschäftigte konkret die Frage nach der Organisation der Kommunikation.

Im Handelsblatthaus bieten wir deshalb unterschiedliche Meetingzonen zum spontanen Gespräch. Ein Hub, eine multifunktionale Zone, deren Herz eine große Teeküche bildet, wird zum zentralen Ort der Kommunikation. Hier treffen sich Mitarbeiter, aber auch Kunden, sie werden nicht separiert. Angegliedert sind verschiedene Besprechungszonen, in denen wir beispielsweise mit Schallschutzvorhängen experimentieren, um Räume spontan teilen zu können. Dementsprechend anpassungsfähig und beweglich ist die Einrichtung, verschiedene Szenarien sind möglich.

> In der vierten Etage, in der der Hub beheimatet ist, gibt es auch einen Kicker – was passiert hier?

Der Kicker hat bei uns Tradition. Unsere Mannschaft spielt einmal im Jahr ein großes Kicker-Turnier, bei dem sie gegen andere Architekturbüros antritt, mit durchaus sportlichem Charakter. Darüber hinaus trägt ein Kicker – genau wie guter Kaffee – zum Teambuilding bei.

> Welche Rolle spielt Farbe bei der Gestaltung Ihres neuen Büros? Welche Materialien kommen zum Einsatz?

Wir versuchen zunehmend, den Arbeitswelten einen wohnlichen Charakter zu verleihen, uns von Sterilität und Funktionalität, die aus den 90er Jahren stammen, zu trennen. Wir schaffen Erlebnisbereiche, die keine isolierten Inseln sind, sondern Arbeitsplätze einbeziehen. Natürlich braucht ein Arbeitsplatz klimatische Bedingungen und angemessenen Schallschutz, damit er funktioniert, und er muss zugleich stimulieren, durch einen schönen Ausblick zum Beispiel. Unser hoher gestalterischer Anspruch, der sich eben auch in warmen Farben, Stofflichkeit und haptischen Oberflächen ausdrückt, wirkt auf die Mitarbeiter zurück.

> Wie kommunizieren Sie Ihre Corporate Identity über die Räume?

Unser Büro ist unser Statement. Es ist Abbild unserer Haltung, steht für den Dialog in der Architektur, mit den Mitarbeitern ebenso wie mit den Kunden. Durch Interaktion und Kommunikation entstehen unsere Konzepte. Wir stehen für Qualität, suchen den Dialog mit den Kunden genauso wie mit den Mitarbeitern – dafür ist unser Büro Plattform und Visitenkarte. Wichtig ist, dass jeder unserer Standorte einen eigenen Charakter entwickelt. München erhält ein anderes Büro als Köln, Frankfurt oder Hamburg. Doch alle verbindet eine konsequente Linie: gestalterisch ein eigenständiger Charakter und anregender Raum für Dialog und Diskussion zu sein.

Autorin: Uta Winterhager

87

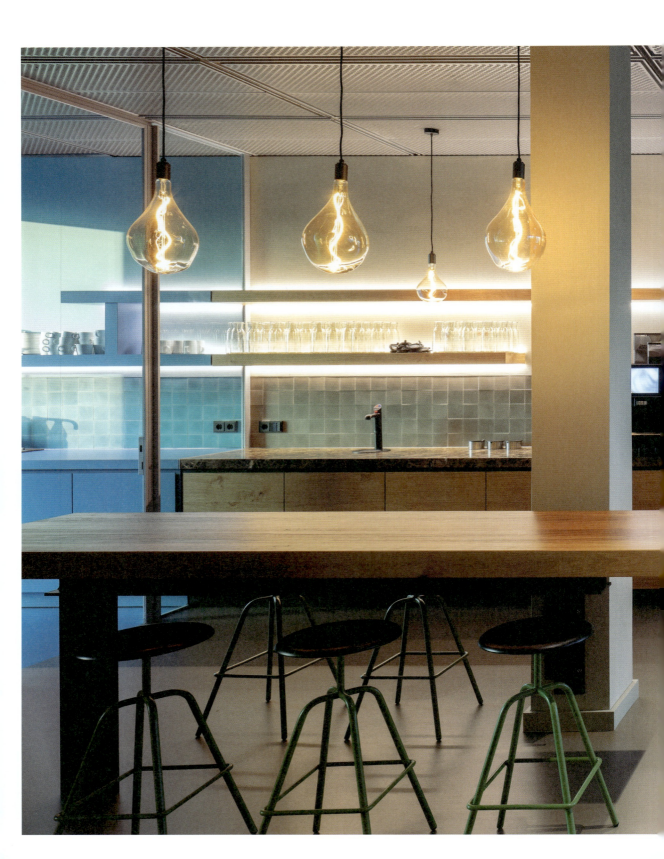

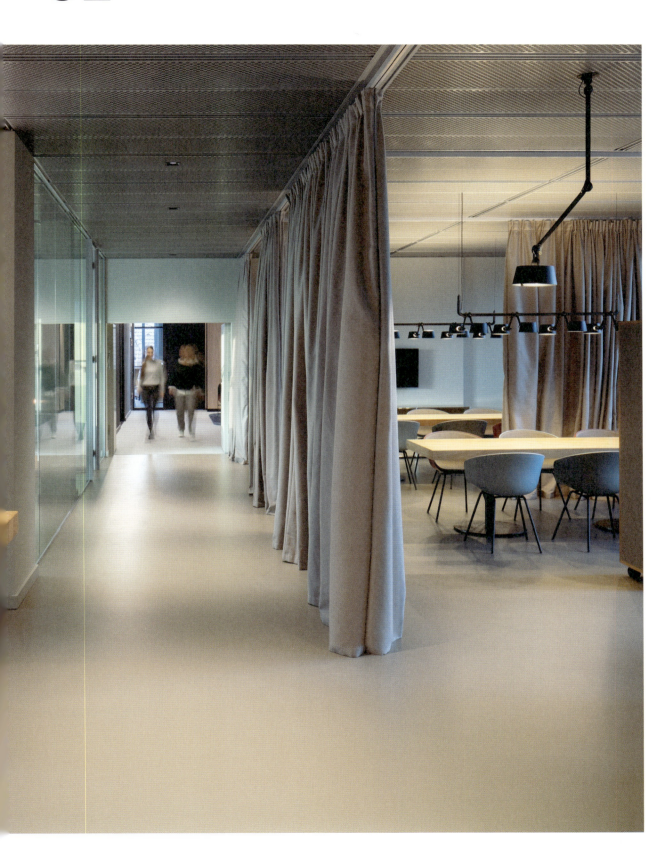

Trend towards informal meetings

EN

The Frankfurt office of meyerschmitzmorkramer has moved from Neue Rothofstraße to the former Handelsblatthaus – why?

Holger Meyer We had to move because our office had grown and we needed more space for more employees. In addition, we wanted to reorganize ourselves, using the type of communication that we design for our clients in our own environment.

How do architects deal with their own work spaces? And to what extent can these findings be applied to your project work?

The topics we constantly deal with are communication, teamwork, open work environments, and flexible workplace situations. Even if we practice it on a smaller scale than our clients, it is important for us to experience these things for ourselves so that we can source our ideas from our own practice.

Do you actually consider your own office as a kind of lab?

We take a look at what others are doing in the creative industry, follow trends and topics. The traditional enclosed conference room is becoming increasingly rare today. There is a trend for informal meetings and spontaneous situations now – and this happens in open areas around the workplace. And there is also a need for dedicated retreat areas. These are the things you need to incorporate. It's also a learning process, because people are different and you have to give them a chance to experiment.

For your new office you have rented two floors in the former Handelsblatthaus. How will you organize the work?

What is new for us is that all employees who were previously on three different floors now work on one level. Since we have grown vertically, we had the same problem as many of our clients: we were spread not only across several floors but even across two buildings – our internal communication was no longer working. We were specifically concerned about the question how to organize our communication.

In the Handelsblatthaus, we now have different meeting areas for quick talks. A hub, a multifunctional zone with a large office kitchen at its centre, has become our central communication space. This is where employees, but also clients, meet – they are not kept apart. Several conference areas are adjacent to this space, where we are experimenting with things like soundproof curtains, for example, as ad-hoc room dividers. The furnishings are likewise movable and versatile, enabling a wide range of scenarios.

On the fourth floor, where the hub is located, you also have a football table – what's happening there?

Table football is a tradition in our company. Once a year, our team plays a big table football tournament against other architects, and this is quite an athletic affair. In addition, table football – just like good coffee – helps with team building.

What role do colors play in the design of your new office? Which materials did you use?

We are trying to make the workplace look more homey and get rid of the sterile, functional look that was so 1990s. We create activity areas that are not isolated islands, but incorporate workplaces. Of course, a workplace needs a good air quality and adequate sound insulation in order to function, and it must offer some stimulation at the same time – for example with stunning views. Our high design standards, expressed also in warm colors, fabrics, and tactile surfaces, have an impact on the employees.

> How do you communicate your corporate identity through the rooms?

Our office is our statement. It reflects our philosophy, stands for a dialogue in architecture, with employees as well as with clients. Our concepts are the result of interaction and communication. We stand for quality, seek a dialogue with our clients as well as with our employees – for this purpose our office serves both as a platform and showcase. The important thing is that each of our locations develops its own character. The Munich office differs from our offices in Cologne, Frankfurt, and Hamburg. But they all share one common philosophy: to have an independent personality and be an inspiring space for communication and discussion.

Author: Uta Winterhager

Concept

Developing concepts based on understanding. meyerschmitzmorkramer develops concepts through a partner-like dialogue and cooperation. Always with the aim of developing the best solution for the task, location, client, and future users.

Handel im Wandel

Individuelle Erlebnisse schaffen – wie neues Leben in die Innenstädte kehren kann.

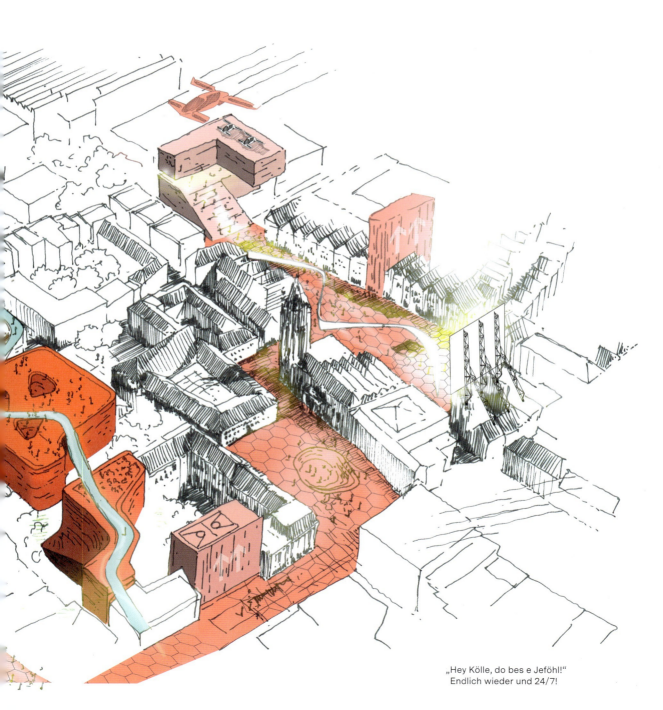

„Hey Kölle, do bes e Jeföhl!"
Endlich wieder und 24/7!

Einführung

Die Stadtzentren in Europa befinden sich im Wandel. Jahrelang wurden die historischen Stadtzentren neu gestaltet und auf den Einzelhandel ausgerichtet. Große Handelsflächen, multinationale Marken und globale Franchiseunternehmen bevölkerten die Innenstädte und verdrängten andere städtische Funktionen und ihre Akteure. Schließlich machte diese Tendenz die europäische Innenstadt unattraktiv und monoton: Handelsstraßen wurden generisch und austauschbar.

Dieser Trend hat sich seit einigen Jahren geändert, vor allem durch den Einfluss der digitalen Technologien und des E-Commerce auf den Alltag, insbesondere auf den Einzelhandelssektor. Die Auswirkungen solcher Anpassungen sind noch vollständig zu klären, aber eine große Anzahl von ihnen entfaltet sich derzeit – wenn sie dies nicht bereits in der Vergangenheit getan haben –, und ihre Reichweite liegt weit außerhalb des architektonischen und städteplanerischen Bereichs.

Die digitale Wirtschaft hat sich schnell etabliert, und der Einzelhandel konnte sich nicht rechtzeitig an die neuen Rahmenbedingungen anpassen. Es ist jedoch noch nicht zu spät. Der E-Commerce hat sich als weitaus besser im Verkauf undifferenzierter Produkte erwiesen, während der traditionelle Einzelhandel seinen Kunden individuelle Erlebnisse bieten kann. Unter diesem Paradigmenwechsel – von Produkten hin zu Erfahrungen – und im Gegensatz zu den stagnierenden Vorstadtmalls haben die Städte nicht nur eine Chance, sondern können sogar eine Schlüsselrolle in der sogenannten „Erlebniswirtschaft" spielen.

In diesem Zusammenhang hat die Research Unit von meyerschmitzmorkramer eine systematische Untersuchung durchgeführt, um zu verstehen, was wirklich im Einzelhandel passiert, was mit den Innenstädten geschehen kann und wie die Städte in Zukunft mit einer veränderten Einzelhandelslandschaft aussehen können.

Einzelhandel im Wandel. Kaufen ist kein Einkaufen

Der technologische Fortschritt, neue Geschäftsmodelle und die Verbreitung des mobilen Internets haben die Kaufkanäle für die Kunden vervielfacht. Traditionelle Geschäfte können in Bezug auf Kosten und Komfort nicht mit Online-Kanälen konkurrieren. Sie können aber den Kunden zusätzliche Erlebnisse bieten, wie individualisierte Artikel oder besondere Shoppingevents: Das sind wesentliche Merkmale der Erlebniswirtschaft.

Marken streben eine vollständige Integration von digitalen und physischen Geschäften über das sogenannte „Omnichannel-Konzept" an, über das sie ein umfassendes Einkaufserlebnis bieten wollen: Bestellen Sie online und holen Sie im Geschäft ab, oder noch besser, besuchen Sie das Geschäft, probieren Sie etwas Neues aus, kaufen Sie ein und lassen Sie die Produkte später am Tag liefern. Sie müssen keine Taschen durch die ganze Stadt tragen oder um Parkplätze in der Innenstadt kämpfen: Einkaufen und Schlendern durch die Stadt wird zu einem reibungslosen und entspannten Erlebnis.

Damit dies effektiv geschieht, müssen mehrere Veränderungen angegangen werden. Das erste und wichtigste ist die Wiedereingliederung anderer Programme und Aktivitäten in die historischen

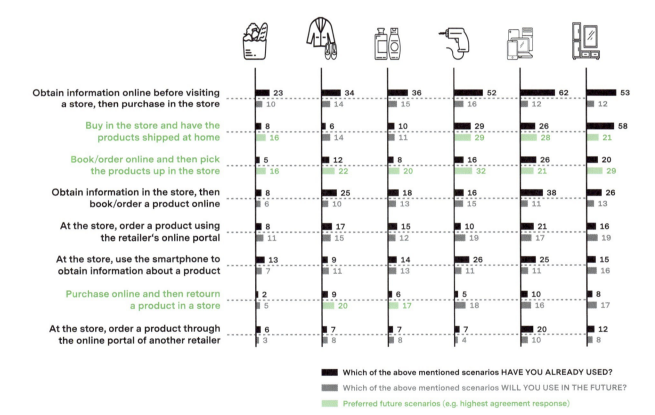

Figure 3. Preferred Omni.Channel scenarios per product category. From left to right: groceries, fashion and accessories, drugstore products, do-it yourself and gardening, electronics, and home and furnishing products. Source: KPMG (2016): Trends im Handel 2025: Erfolgreich in Zeiten von Omni-Business.

Stadtzentren. Wohnen, Arbeit, Freizeit, Kultur, Gastronomie – alles muss Teil des urbanen Raums sein. Der Einzelhandel ist ein ausgezeichneter Vorwand, um Menschen zurück in die Stadt zu bringen, aber sie müssen länger bleiben als nur für einen kurzen Besuch im Geschäft. Zugleich sollten heterogene Altersgruppen in die Innenstädte gelockt werden: Erholung, Kultur und Unterhaltung sind hierfür wichtige Instrumente.

Einkaufen ist nicht nur Kaufen, es ist Umgebung, soziale Aktivität, und Innenstädte können ein hervorragendes Medium bieten, um es zu nähren. Ein kurzer Imbiss nach dem Schuhkauf, ein Kaffee beim Durchstöbern der Comics oder eine Cooking Class auf dem lokalen Biomarkt – das alles ist Teil dieser Erfahrung und wird sich in die städtischen Strukturen integrieren.

Verschiebungsdynamik im Einzelhandel

Im Zuge der Expansion von E-Commerce und Erlebniswirtschaft befindet sich die urbane Einzelhandelsaktivität in einem Prozess der Verdrängung, der von vier Dynamiken geprägt wird:

1. Wichtige Einzelhändler ziehen von Grünflächen und Randgebieten zurück in die Innenstadt.
2. Kleine Boutiquen und familiengeführte Geschäfte werden an den Rand der Innenstadt gedrängt.
3. Einkaufszentren werden in innerstädtischen Bereichen gebaut.
4. Die Toplagen haben von der Vertreibung des Einzelhandels profitiert, die Vorstädte hingegen wurden benachteiligt.

Dieses Verdrängungsmuster ist möglicherweise nicht nachhaltig. Die Leerstandsquote in den Innenstädten wird weiter ansteigen, und die Schwankungen im stationären Einzelhandel werden kontinuierlich zunehmen, mit verheerenden Folgen für das urbane Leben und die Attraktivität. Auch wenn städtische Einkaufszentren eine finanziell solidere Alternative zu verstreuten Boutiquen darzustellen scheinen, sind sie doch nicht die Lösung für die Krise des physischen Einzelhandels, geschweige denn für den drohenden Attraktivitätsverlust der Innenstädte.

Die progressive Reduktion der Einzelhandelsaktivität entlang der Einkaufsstraßen, gepaart mit dem schlechten Zugang zu den Innenstädten, veranlasst die Menschen, mehr Zeit in den großen städtischen Einkaufszentren der neuen Generation zu verbringen, wo sie Gastronomie, Freizeit, Events und weitere Angebote genießen können.

Dieses Muster könnte sich in der Innenstadt leicht reproduzieren lassen: Die Menschen könnten durch die Straßen schlendern, die Museen, Sehenswürdigkeiten, Bürogebäude, öffentliche Verkehrsknotenpunkte und die klassische Einkaufsstraße verbinden, ohne sich in einem geschlossenen, privaten Raum eingegrenzt zu fühlen.

Für dieses Schema muss die automobile Infrastruktur sorgfältig geplant werden – die Lage und Gestaltung von Parkstrukturen und deren Nutzung könnte im Laufe der Zeit ein weiteres kreatives Forschungsfeld für Architekten und Planer eröffnen. Zudem könnte das traditionelle Parken mit dem Aufkommen autonomer Fahrzeuge und Uber-ähnlichen Apps bald zu einem überholten Konzept werden.

Strategien für bedrohte Stadtkerne

Obwohl es fast unmöglich ist, diese Trends umzukehren, so liegt es doch nahe, dass ihre negativen Auswirkungen auf die urbanen Zentren durch Politik, Planung, Städtebau und private Initiativen gemildert werden können. Tatsächlich könnten der Verlust von Einzelhandelsfunktionen und die Verringerung des Flächenbedarfs für physische Geschäfte und Lagerflächen den Innenstädten die Möglichkeit eröffnen, neue Nutzungen in ihr Gefüge zu integrieren – einschließlich neuer Formen von Wohnen, Arbeiten und Produktion. Drei Strategien zur Umgestaltung von Innenstädten werden zurzeit diskutiert:

1. Neue Einzelhandelskonzepte
2. Neue Aktivitäten in den Innenstädten
3. Neue Zugänglichkeit durch innovative Mobilitätskonzepte

Aktion 1: Neue Einzelhandelskonzepte

Der Online-Handel zwingt Marken, Einzelhändler und Filialisten, sich die Funktion und das Aussehen von physischen Geschäften neu vorzustellen. Zahlreiche Unternehmen experimentieren bereits mit neuen Ladenformaten, die sich auf Einkaufserlebnisse wie Produktindividualisierung, limitierte Editionen, Pop-up-Stores und ergänzende Angebote fokussieren.

Aktion 2: Neue Aktivitäten

In Zukunft ist es möglich, dass die Nachfrage nach Einzelhandelsflächen dramatisch sinken wird. Infolgedessen könnte die Einkaufsstraße menschenleer sein. Somit wären die großen Gebäude, in denen sich heute Einkaufszentren und Parkhäuser befinden, mit Leerstand konfrontiert. Die derzeitigen Einzelhandels- und Parkflächen könnten jedoch so umgestaltet werden, dass sie für verschiedene Funktionen nutzbar werden, darunter neue Formen des Wohnens, Produktions- und Kreativunternehmen, Kunst und Freizeit, Lebensmittelproduktion oder sogar die Energieerzeugung.

Aktion 3: Neue Zugänglichkeit

Es ist wahrscheinlich, dass in einer Zukunft, in der menschliche Aktivitäten nicht mehr länger an traditionelle physische Einschränkungen gebunden sind, die Qualität des öffentlichen Raumes, der urbane Charakter einer Straße und ihre allgemeine Zugänglichkeit eine entscheidende Rolle bei der Entscheidung spielen werden, ob die Menschen zu Hause einkaufen, ein Einkaufszentrum besuchen oder einen Nachmittag in der Innenstadt verbringen werden. Daher ist es von grundlegender Bedeu-

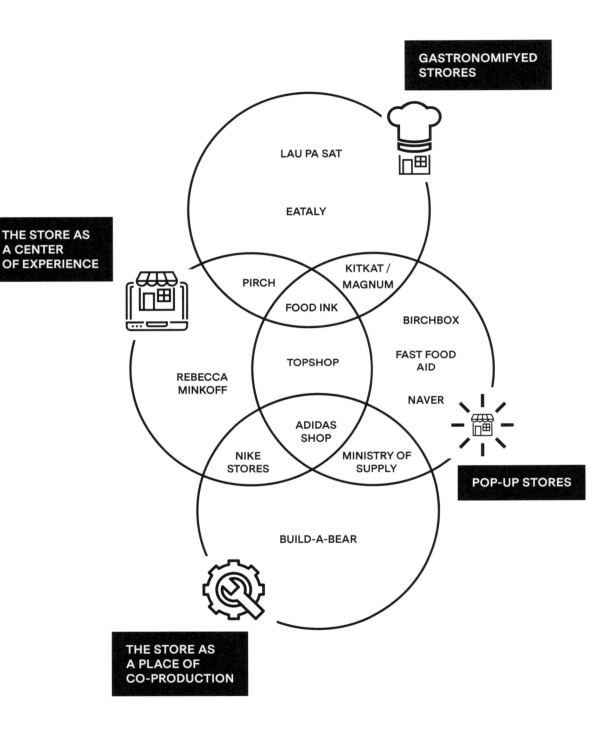

Figure 1. New concept for the stores of tomorrow and case studies investigated. Source: meyerschmitzmorkramer research unit

tung, neue Methoden für die Zugänge zu den Stadtzentren bereitzustellen, den Verkehr und die Umweltverschmutzung zu reduzieren und den Charakter, die Sehenswürdigkeiten und die Geschichte der städtischen Zentren zu stärken.

Schlussfolgerungen

„Handel im Wandel" ist eine von vielen Transformationen, die in zeitgenössischen Städten stattfinden. Diese Veränderung betrifft nicht nur die Nutzung der Stadt durch ihre Bewohner, sondern auch die Stadt und ihre Gebäude selbst, da die Umgestaltung großer Teile der Einzelhandelsinfrastruktur ein interessantes Experimentier- und Entwicklungsfeld eröffnet.

Neue Aktivitäten, neue Nutzungen, neue soziale Akteure können die Stadt, wenn sie in diese zurückgeholt werden, beleben und revitalisieren – wenn Einkaufen, Leben, Arbeiten, Produzieren, Genießen auf innovative und spannende Weise miteinander verbunden wird. Wir erkennen hierin eine große Chance. Richtig angegangen, wird die europäische Stadt eine Renaissance erleben. Die Auswirkungen solcher Veränderungen sind noch nicht vollständig geklärt, aber wir sind davon überzeugt, dass sie einen äußerst positiven Einfluss auf unsere Städtelandschaft haben werden.

Genau das ist der Grund, weshalb wir zu diesem Thema, das uns immer wieder in unserer täglichen Arbeit begegnet, unsere Studie „Handel im Wandel" erstellt haben. Die Publikation wird in Kürze erfolgen.

Autoren: Caspar Schmitz-Morkramer,
Dr. Aurelio David, Federico Garrido

Retail in transition

EN

Introduction

City centres in Europe are in the midst of transition. For years, historical city centres were reshaped and repositioned with retail activity in mind. Large commercial spaces, multinational brands, and global franchises populated inner city areas, displacing other urban functions and players. Over time, this tendency rendered European city centres unattractive and monotonous; commercial streets became generic and interchangeable.

For some years now, the influence of digital technologies and e-commerce on everyday life – and particularly the retail sector – has been altering this trend. The full effects of the adjustment are yet to be seen, but many developments are emerging at this moment (if they have not already done so) and their impact extends well beyond architecture and urban planning.

The digital economy established itself fast and the retail sector was unable to adapt quickly enough to the new parameters, but it is not too late. E-commerce has proved to be far better at selling undifferentiated products, while traditional retail can deliver individual experiences to customers. Given this paradigm shift from products to experiences – and in contrast to stagnating suburban malls – cities not only stand a chance, but may play a key role in the 'experience economy'.

Against this background, the research unit of meyerschmitzmorkramer has undertaken a systematic investigation to understand what is really happening in the retail sector, what may happen to town centres and what cities might look like in a future with a modified retail landscape.

Retail in transition: purchasing is not shopping

Technological development, new business models, and the spread of mobile internet have multiplied the purchase channels available to customers. Traditional stores cannot compete with online channels in terms of cost and convenience; they can, however, provide complementary experiences for customers, such as personalized items and special shopping events.

Brands are aiming for complete integration between digital and physical stores under a so-called 'Omnichannel concept' through which they intend to deliver a comprehensive shopping experience: order online and pick up in store, or better yet, visit the store, try something new, buy it, and get the product delivered later that day. No need to carry bags around town or fight for parking spaces: shopping and strolling through the city will be a smooth and relaxed experience.

For this to effectively happen, several changes will need to take place. The first and most important is the return of various programmes and activities to the old city centres. From housing and work to leisure, culture, and gastronomy, everything needs to be part of the urban realm. Retail is an excellent excuse to bring people back to the city, but they need to stay longer than just for a trip to the store. Similarly, different age groups should be tempted back to the inner cities; recreation, culture, and entertainment are important tools to this end.

Shopping is not just buying something: it is an environment and a social activity, and city centres can provide an excellent medium in which to nourish this. A bite to eat after buying shoes, a coffee while browsing comic books, or a cooking class at the local organic market are all part of an experience that is part of the urban fabric.

Retail displacement dynamics

As e-commerce and the experience economy expand, urban retail activity has been undergoing a process of displacement characterized by four dynamics:

1. Major retailers are returning to city centres from greenfield sites and city outskirts.
2. Small boutiques and family-owned stores are pushed to the edge of city centres.
3. Shopping centres are being built in inner-city areas.
4. Retail displacement has benefited prime locations and harmed suburban towns.

This pattern of displacement may not be sustainable. Vacancy rates in city centres and fluctuations among over-the-counter retailers will rise steadily, with devastating consequences for urban life and attractiveness. Furthermore, while urban shopping malls may represent a more financially sound alternative to scattered boutique stores, they are not the solution to the crisis in physical retail, let alone the way in which city centres are becoming less attractive.

The progressive reduction of retail activity on shopping streets coupled with the poor accessibility of city centres are inducing people to spend more time inside large urban shopping centres of the new generation, where they can enjoy food, leisure, events, and other amenities.

This pattern could easily be replicated in inner city settings: people could wander along streets that link museums, landmarks, office buildings, public transport hubs, and traditional shopping avenues without feeling confined in an enclosed, private space.

Under this scheme, automotive infrastructure needs to be carefully planned; in time, the location and design of parking areas and their use could provide yet another field of creative exploration for architects and planners. Moreover, with the advent of self-driving vehicles and Uber-like apps, traditional parking may soon become an outdated concept.

Strategies for threatened urban centres

Although it is virtually impossible to reverse these trends, their negative effect on urban centres can be mitigated through policy, planning, urban design, and private initiatives. In fact, the loss of retail functions and the reduction of space needed for physical stores and storage space may provide an opportunity for city centres to integrate new uses into their fabric, including new approaches to housing, working, and production. Three strategies to reshape city centres are currently under discussion:

1. New retail concepts
2. New activities in city centres
3. New accessibility via innovative mobility schemes

Die Renaissance der Innenstadt –
Wohnen, Arbeiten, Genießen,
Einkaufen kehren zurück auf die Zeil.

Action 1:
New retail concepts

Online commerce is forcing brands, retailers, and store managers to re-imagine the function and appearance of physical stores. Many companies are already experimenting with new store formats focusing on shopping experiences such as product individualization, limited editions, pop-up stores, and complementary amenities.

Action 2:
New activities

In the future, demand for retail space may sink dramatically. As a result, shopping streets could be deserted while the large buildings that now accommodate shopping centres and parking facilities may face vacancy problems. However, current retail and parking space could be modified to host a different range of functions including new forms of housing, manufacturing and creative businesses, art and leisure, food production, and even energy production.

Action 3:
New accessibility

In a future where human activities are no longer bound to traditional physical constraints, it is likely that the quality of public spaces, the urban character of streets and overall accessibility will play a crucial role in determining whether people shop at home, visit a shopping mall, or enjoy an afternoon in a city centre. It will therefore be critically important to provide new modes of access to city centres, reduce traffic and pollution, and strengthen the character, landmarks, and history of urban centres.

Conclusions

'Retail in transition' is one of many transformations taking place in contemporary cities. This change involves not only the way in which inhabitants use their city, but the city and its buildings themselves: the reconfiguration of large sections of retail infrastructure provides an interesting field of experimentation and development.

If it is possible to bring new activities, uses, and social players back to cities, they can be energized and revitalized. Shopping, living, working, manufacturing, and enjoyment can be combined in novel and exciting ways. We see this as a huge opportunity. Given the right approach, European cities will experience a renaissance. Although the impact of such changes is not yet fully understood, we are convinced they can have a highly positive influence on our cityscape.

This is precisely why we produced our study 'Retail in Transition' (German: 'Handel im Wandel') on a topic we encounter repeatedly in our daily work. The publication will follow shortly.

Authors: Caspar Schmitz-Morkramer, Dr. Aurelio David, Federico Garrido

Consequence

All decisions in the process must be examined at all times to ensure their compatibility with the concept.

Die Hamburger Stadtreparatur

Raumwunder Görttwiete: Errichtung, Revitalisierung und Aufstockung auf kleinstem Raum

Es ist das virtuose Zusammenspiel dreier Gebäudeteile: Im Zuge einer Nachverdichtung wurde meyerschmitzmorkramer 2014 mit der Aufstockung und dem Neubau des nach seiner Adresse benannten Projektes Görttwiete an der Willy-Brandt-Straße beauftragt. Die Besonderheit: Es handelt sich um einen Altbau mit Klinkerfassade, einen Neubau mit Glasfassade und eine Aufstockung mit Dachbekleidung – ein Ensemble, das zeigt, wie harmonisch unterschiedliche Entwurfsideen miteinander agieren können.

Die Geschichte der Bestandshäuser ist schnell gezeichnet: Es handelt sich um den denkmalgeschützten Appendix Altes Klöpperhaus, der 1911 als Erweiterung des Alten Klöpperhauses nach Plänen der Architekten Lundt und Kallmorgen errichtet wurde. Das Alte Klöpperhaus selbst, ein stattliches Kontorhaus, konnte durch die Sanierung von meyerschmitzmorkramer im Jahr 2016 zu einem modernen Geschäfts- und Bürohaus wachsen. Der nur dreigeschossige Appendix aber verlangte nach einer neuen Idee. Nach erfolgreicher Überzeugungsarbeit bei der Denkmalbehörde wurde er bei der Sanierung um zwei Etagen aufgestockt und auf dem 129 m² kleinen Anschluss-Grundstück mit einem sechsgeschossigen, gläsernen Turm erweitert. Die Herausforderung für meyerschmitzmorkramer: die drei auf engstem Raum stehenden Gebäudeteile nach den Vorgaben von Denkmalpflege und Statik zu einem harmonischen Gesamtbild zu verbinden.

Das Ensemble in einzigartiger Lage ist heute ein Beispiel überzeugender Stadtreparatur: Das Dach des Bestandsgebäudes wurde bis zum Gesims zurückgebaut und erhielt eine zweigeschossige, mit dunklen Metallpaneelen verkleidete Fassade. Charakteristisch sind die großformatigen Fensteröffnungen und eine grüne Dachterrasse mit weiten Blicken. Der sechsgeschossige neue Baukörper

111

Görttwiete, Hamburg
Revitalisierung und Aufstockung
eines denkmalgeschützten
Bürogebäudes mit Neubau
Bauherr: AIRE Klöpperhaus
GmbH
2014–2017

EN

liegt an einer schmalen Öffnung des Blockinnenraums, dessen Position meyerschmitzmorkramer mit auskragenden Obergeschossen und einer Glasfassade betont, die dynamisch um die gerundeten Gebäudeecken führt. Die historische Verbindung der Görttwiete als fußläufige Allianz zwischen Rödingsmarkt und Hopfenmarkt bleibt erhalten.

Auf sechs Etagen entstanden in dem Neubau 725 m² BGF. Beeindruckend sind nicht nur die vier Meter hohen Räume und der spektakuläre Rundumblick durch die raumhoch verglaste Fassade – der Neubau überzeugt durch seine Lage und Wirkung in der Verbindung zur historischen Stadtteilung. So ist die Görttwiete nicht allein wirkungsvolle Stadtreparatur, sondern auch eine Brücke, die zu den bewegten Kapiteln der Hamburger Stadtgeschichte führt. (uw.)

Hamburg's inner city is densely built-up, but at Görttwiete, a small extension of Willy-Brandt-Straße, meyerschmitzmorkramer still found potential for further development. Over a hundred years old, the listed Appendix Altes Klöpperhaus was renovated and re-furbished, adding two floors plus a roof terrace, and given a new name: Görttwiete.

Moreover, a six-storey glass tower was erected on an adjoining lot of only 129 square metres. The roof of the existing building was stripped down to the cornice and two storeys were added in line with the façade below. Dark metal panels confidently outline the extension, creating a transition to the cool glass façade that dynamically encompasses the rounded contours of the adjacent new building. The project is striking not only for its loft-like rooms with a ceiling height of four metres but also for the spectacular panoramic views offered by its floor-to-ceiling glass façade.

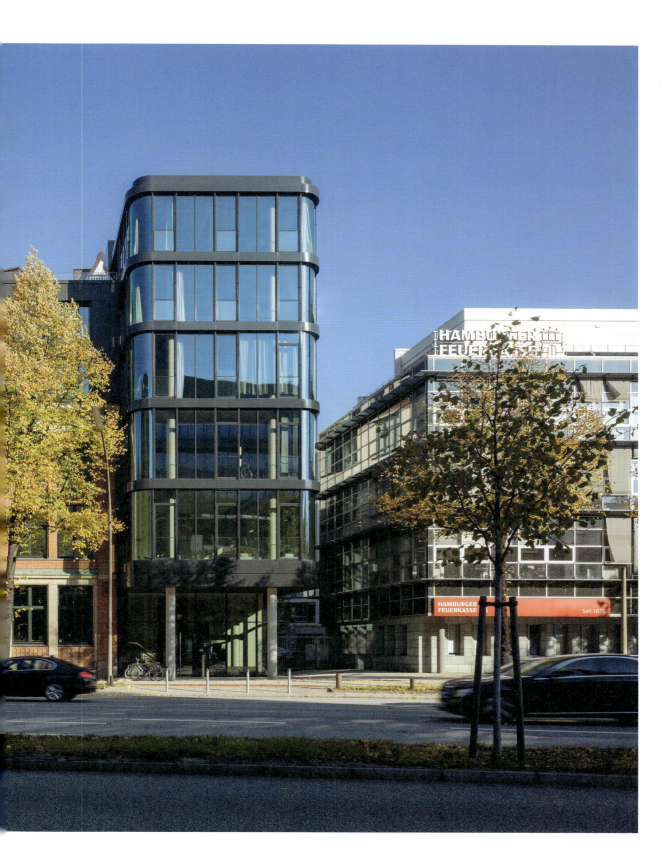

115

Ideenmeisterschaft statt Architekturwettbewerb

Kreative Standortentwicklung am Bremer Europahafen

Mit dem Ende der Kellogg-Produktionsstätte beginnt für den Bremer Europahafen eine neue Ära: Wo bislang aufgrund von Emissionen keine Wohnnutzung möglich war, entsteht in den kommenden Jahren ein neuer, lebendiger Stadtteil. Um für ihr Bauvorhaben auf einem gut zwei Hektar großen Gelände in exponierter Lage eine optimale Lösung zu finden, lud die Zech Group gemeinsam mit der Stadt Bremen zu einem Wettbewerb ein. Die Besonderheit: Hier waren die Teilnehmer zum offenen Diskurs aufgefordert. Workshop, Werkstatt, Dialogverfahren – für alle Beteiligten eine immens spannende Herausforderung.

Den richtigen Maßstab zu finden ist Leitgedanke in der Konzeption von meyerschmitzmorkramer. Das gilt zugleich für die städtebauliche, die nutzungsorientierte sowie die gestalterische Herangehensweise. Das Areal vor Kopf eines gut einen Kilometer langen Hafenbeckens verbindet Stadtzentrum und Hafengebiet. Geprägt ist es von einem industriellen Umfeld aus großformatigen Bestandsgebäuden, wie einem der längsten Ziegelgebäude Europas. In vorgegebener Modularität sieht der Entwurf ein Ensemble dreier unterschiedlicher, aber doch zusammengehöriger Baukörper mit den Schwerpunkten Wohnen, Unternehmenssitz und Büro vor – über einen Erlebnisponton bis in das Wasser und über Sichtbeziehungen bis in die Innenstadt reichend. Angelehnt an die Historie, wird damit erneut eine Landmarke gesetzt. Doch anstatt über die Höhe in Konkurrenz zum Bremer St.-Petri-Dom oder dem zentralen Weser Tower zu treten, konzentriert sich der Entwurf des „Zech Hauses" auf das Volumen. Auf einer Grundfläche von fünfzig mal fünfzig Metern sind die 30.400 m² BGF des Unternehmenssitzes luftig gegliedert und erlauben Ein- und Ausblicke sowie einen Dialog zwischen den stadtprägenden Bauten. Die neuen Hafenkopf-Geschwister „Zech Haus" und „Wohn-Loft" geben mit ihren Hochpunkten der gut drei

Europahafenkopf, Bremen
Nutzungs- und
Gestaltungskonzept für
den Bremer Hafenkopf
Bauherr: Zech Group GmbH
Wettbewerbsbeitrag
2018

EN

A new urban district is being constructed at Bremen's Europahafen, for which an invitation was extended to participate in a dialogue-based competition. Finding the right scale is the guiding principle of meyerschmitzmorkramer's concept in terms of urban development as well as use and design. For the area at the head of a harbour basin, the design envisions an ensemble of three different yet interrelated buildings with a focus on providing residential space as well as room for company headquarters and offices, thereby creating a new landmark. The uppermost points of the new buildings at the head of the harbour, "Zech Haus" and "Wohn-Loft", provide a frame for the three-kilometre-long visual axis from the city centre to the Weser River, while the "Büro-Loft" forms the urban planning prelude to the ensemble. The ground floor area becomes a lively public space with restaurants and a market hall.

Kilometer langen Sichtachse von Innenstadt bis Weser einen Rahmen. Trotz 24.350 m² Fläche ist das Wohn-Loft kleinteilig gegliedert, Einschnitte schaffen Dachgärten und optimale Lichtverhältnisse bis in den Kern. Während es städtebaulich eine Torwirkung zur neuen Wohnbebauung ergibt, bildet das 12.000 m² umfassende „Büro-Loft" mit Mobilitätsstation den städtebaulichen Auftakt an der Nordseite des Ensembles. Besonderheit ist eine flexible Nutzung von 5.000 m² BGF mit Car-Sharing, E-Ladestationen oder auch Veranstaltungen anstelle einer klassischen Großgarage. Der Hafen wird zum lebendigen Außenraum – sowohl innerhalb der Gebäude als auch dazwischen. 4.400 m² Erdgeschossfläche sind mit Gastronomie und einer großen Markthalle für die öffentliche Nutzung vorgesehen und öffnen sich zu den vorhandenen Hafentreppen. (ak.)

Herausgewachsen aus dem alten Werk

Wettbewerbsbeitrag zur Neugestaltung eines historischen Baukörpers

Nachdem die Sartorius AG nach langen Jahren Werksgeschichte einen neuen Standort in Göttingen bezogen hat, ist für das ehemalige Gelände der Konzernzentrale eine städtebauliche Umnutzung vorgesehen. Um die Lage grundsätzlich zu beleben, sieht das neu entwickelte Konzept eine kleinteilige Nutzungsmischung vor. „Bilden, Gründen, Wohnen" – unter diesem Motto wird Wohnraum für rund 800 Menschen und Platz für etwa 500 Arbeitsplätze geschaffen. Forschung, Arbeit und Wohnen sollen räumlich miteinander verbunden, einzelne historische Gebäude dabei erhalten werden. So entsteht auf insgesamt knapp zwei Hektar Fläche zwischen Weender Landstraße und Annastraße ein lebendiges Quartier mit hoher Aufenthaltsqualität. Das Zentrum des Geländes bildet der neue Gesundheitscampus Göttingen: Hier werden Wissenschaft und unternehmerische Kompetenz zusammengeführt. Zusammenführung war auch der Leitgedanke des Entwurfs, den meyerschmitzmorkramer im Rahmen eines Wettbewerbs für das Gebäude 8 eingereicht hat. Das Gebäude 8, historischer Turm und zugleich Mittelpunkt des Areals, bekommt einen symbolischen Charakter für das Quartier, sowohl in der Gestaltung als auch in seiner Nutzung.

Eine Zusammenführung aus alt und neu, aus Rückblick und Ausblick: Ein aus einem einzigen Block gefräster Monolith wird zur Skulptur im alten Gemäuer, bricht alte Räume auf, schafft Synergien und neue Sichten. Dieser neu entstandene Raum bietet Platz für das neu geschaffene „sartorius-lab". Vom künftigen Quartiersplatz aus erschlossen, verbindet das Erdgeschoss mit einer Eventfläche, Café und Bar die anliegenden Gebäude. In der Fuge zwischen Monolith und Turmmauer begleitet eine Ausstellung zur Geschichte und Tradition des Werks Besucher bei ihrem Aufstieg in die Obergeschosse. Dort öffnet sich das Auditorium mit

Sartorius-Turm, Göttingen
Gestaltung des historischen
Werkturms auf dem
ehemaligen Sartorius-Areal
Bauherr: Sartorius AG
2. Preis Wettbewerb
2018

EN

In the future, research, work, and living will be combined on the former Sartorius AG site, which covers an area of almost two hectares, while individual historical buildings will be preserved. One of them is the centrepiece of the premises, a historical tower whose future use and design is subject of a design developed by meyerschmitzmorkramer within the scope of a competition. A monolith milled from a single block becomes a sculpture in the old masonry, breaking it open while creating synergies and new views. Its aluminium surface revisits one of the basic materials of the factory. The newly created space offers room for the "sartorius-lab" through a merging of old and new as well as retrospect and outlook. On the ground floor, the tower connects the adjacent buildings. On the upper floors, it creates a connection to history, with penetration of the old brick walls and opening to the new.

einem Blick über das Sheddach der ehemaligen Produktionsstätte, das Herzstück des Werks. Im 3. Obergeschoss, dem Forum, werden in kleiner Runde Ideen und Ausblicke für die Zukunft formuliert – sie bekommen hier einen Raum, der sich zu allen Seiten, sogar zum Himmel hin, öffnet. Aluminium, eines der wichtigsten Grundmaterialien in der Herstellung bei Sartorius, umhüllt die neu geschaffene Skulptur. Die Oberfläche wird bearbeitet, gefräst, ausgeschnitten, durchstanzt und somit schließlich licht- und blickdurchlässig. Der glatte, glänzende und präzise gearbeitete Monolith füllt und durchdringt das alte, gewachsene Ziegelgemäuer, schafft inhaltlich und gestalterisch erkennbar den Aufbruch in etwas Neues. (ak.)

Stadtreparatur auf minimaler Grundfläche

Höhere Dynamik zwischen Kö-Bogen-Tunnel und Platz der Deutschen Einheit

Der erste Blick aus dem neu angelegten Kö-Bogen-Tunnel in Richtung Düsseldorfer Innenstadt fällt künftig auf die dynamischen Rundungen des sogenannten „Vertikums". Durch die veränderte Verkehrsführung erlangt die Lage des gerade einmal 548 m² großen Eck-Grundstücks an der gut frequentierten Berliner Allee eine ganz neue Präsenz; zugleich wird das neue Gebäude in direktem Dialog zu den denkmalgeschützten Fassaden der benachbarten Johanneskirche und des Justizministeriums NRW stehen. Hier gilt es einfühlsame Stadtreparatur zu betreiben. Mit dem 1. Preis in einem qualitätssichernden Verfahren erhielt meyerschmitzmorkramer 2017 den Planungsauftrag für ein neungeschossiges Büro- und Geschäftshochhaus auf einem trapezförmigen Grundriss. Mit diesem Entwurf, der die bestehenden Formen und Strukturen des Standorts aufgreift, wird das Areal zwischen dem Martin-Luther-Platz, der Berliner Allee und dem Platz der Deutschen Einheit städtebaulich räumlich gefasst und neu gegliedert.

Die Fassade ist geprägt von Strukturen aus hochwertigem Naturstein und großzügigen Fensterflächen in einem ruhigen, gleichmäßigen Rhythmus. Während die Vertikale des Hochhauses durch die Leichtigkeit vermittelnde Formensprache der tragenden Stützengeometrie betont wird, greifen umlaufende, filigran ausgearbeitete Natursteinbänder den eleganten Schwung und die harmonische Linienführung des Gebäudes auf; zudem verdeutlichen sie die Zweigeschossigkeit sowohl des Sockelgeschosses als auch der Krone des Baukörpers. Die Formensprache der sanft gerundeten Gebäudekanten findet sich konsequent in der vertikalen Stützenverkleidung wie auch in den gebogenen Fenstergläsern wieder, deren dunkle, filigrane Rahmen aus einer Leichtmetallkonstruktion wiederum in einem lebendigen Kontrast zu der

Vertikum, Düsseldorf
Neubau eines Büro- und
Geschäftshochhauses
Bauherr: Warburg-HIH Invest
Real Estate GmbH vertreten
durch HIH Real Estate GmbH
2017 –

hellen, homogenen Steinfläche stehen. Über alle Geschosse gewähren wohldimensionierte Fensterflächen großzügige Ein- und Ausblicke. Für das Erdgeschoss ist eine flexible Nutzung für Handel oder Konferenz vorgesehen, in dem unterirdischen Geschoss ist die Haustechnik verortet. Die rund 4.200 m² Fläche der oberen Geschosse bieten moderne Büroräume mit herausragender Aufenthaltsqualität. Nach außen zu öffnende, regelmäßig angeordnete Fenster machen eine individuell regulierbare natürliche Lüftung in allen oberen Geschossen möglich. Darüber hinaus optimiert ein innenliegender Sonnenschutz aus Lamellen, der unabhängig von der Windsituation genutzt werden kann, die Lenkung des Tageslichts. Im siebten Obergeschoss, wo das Bürogebäude die Höhe der direkten Nachbarbebauung überschreitet, springt die Fassade über Rundungen zurück – hier wird eine spektakuläre Dachterrasse geschaffen und neuer Freiraum gebildet. (ak.)

EN

In 2017, meyerschmitzmorkramer won the first prize in a QA procedure, resulting in a contract for the "Vertikum", a 9-storey high-rise building on a trapezoidal ground plan. With a design inspired by the existing architecture and structures of its neighborhood, the site will be integrated in the urban fabric and restructured.
 The façade is characterized by natural stone structures and window areas with a uniform rhythm. While the column geometry emphasizes the building's verticality, the surrounding natural stone bands echo the building's elegant curves. The design language of the soft building edges is consistently reflected even by the curved window panes. The ground floor is intended for flexible use, while the upper floors with 4,200 square metres are earmarked for high-quality offices. The façade will be recessed on the 7th floor – to create a spectacular roof terrace.

Zeitlose Klarheit und Präzision

Nachhaltige und ressourcenschonende Revitalisierung eines Bürohochhauses

Hier ist der Name Programm: „Clarity", abgeleitet von dem Lateinischen clarus, bedeutet „hell, klar, deutlich". Das bestehende Bürogebäude ist einer der Solitärbauten, die den Düsseldorfer Stadtteil Golzheim städtebaulich prägen. Die Nachbarschaft zeichnet sich durch einen urbanen Mix aus Wohnen, Gewerbe und Gastronomie aus, der bestens angebundene Standort in Rheinnähe ist bei Unternehmen sehr gefragt. Die Planungsaufgabe für meyerschmitzmorkramer liegt in einer nachhaltigen Revitalisierung des 1973 für die Nordstern Versicherung von Philipp Holzmann erstellten Ensembles. Der Komplex umfasst 21.545 m² BGF, bestehend aus einem zwölfgeschossigen Hochhaus mit zweigeschossigem Sockelbau oberhalb einer zweigeschossigen Tiefgarage mit 166 PKW-Stellplätzen.

Um die städtebauliche Präsenz des Gebäudeensembles zu stärken, sieht die Planung vor, den Haupteingang zur Georg-Glock-Straße zu verlegen und eine räumliche Verbindung zwischen dem Gebäudeensemble und dem Straßenraum zu schaffen. Vorhandene Solitärgehölze bleiben dabei erhalten. Zudem erschließt ein neuer, zweiter Eingang auf direktem Weg den künftig um ein Geschoss erhöhten Flachbau. Die Proportionen der Gebäudehöhen – rund 15 Meter im Flachbau neben den rund 50 Metern des Hochhauses – sorgen für eine Dynamik, die durch die präzise Linienführung in der Fassade verstärkt wird. Der Gestaltungsansatz greift hier die wesentlichen, markanten Aspekte der Planung von 1973 in Raster und Gebäudeproportionen auf, verleiht dem Gebäudeensemble aber durch die Materialität und die subtile Gliederung ein neues, zeitlos modernes Erscheinungsbild. Unter Beibehaltung von horizontal auskragenden Betonfertigteilen werden die bestehenden Fassaden der Büroflächen in allen Obergeschossen energetisch saniert beziehungsweise durch neue LM-Glasfassaden ersetzt.

Clarity, Düsseldorf
Energetische Fassadensanierung und Aufstockung eines bestehenden Bürogebäudes
Bauherr: Dikas S.C.S. c/o Mono Asset Management GmbH
2017–

Eine klare Aufteilung findet sich auch in den Innenräumen. Über einen neu angelegten großzügigen Empfangsbereich führen im Hochhaus drei Personenaufzüge und zwei Treppenhäuser in die elf modular gestalteten Obergeschosse mit jeweils 700 m² BGF. Pro Geschoss sind zwei skalierbare Nutzungseinheiten vorgesehen, die mit 2,90 Metern lichtdurchfluteter Raumhöhe eine wertige Arbeitsumgebung für unterschiedliche Anforderungen zur Verfügung stellen. Die Dachflächen über dem 3. und 12. Obergeschoss werden in einzelnen Bereichen als Dachterrassen ausgebaut und bieten einen spektakulären Blick über den Rhein und die Düsseldorfer Skyline. (ak.)

EN

The office tower is one of the solitary buildings that dominate the urban fabric of Dusseldorf's Golzheim district. Our task is to sustainably revitalize a complex with a gross floor space of around 22,000 square metres, consisting of a twelve-storey tower rising from a two-storey base on top of underground car park. Our design approach is inspired by the striking architectural concept from 1973: With its materiality and subtle partitions it gives the building a new, timelessly modern appearance. The existing façades are renovated in terms of energy consumption and will be partly replaced by LM glass façades. There is a clear division between the interiors: The rearranged entrance situation leads to eleven upper floors featuring a modular design on 700 square metres of gross floor space each, offering scalable units with a room height of 2.90 metres. Parts of the roof areas are being converted into roof terraces with spectacular views of Dusseldorf's skyline.

131

Maloche entwickelt sich zum Workflow

Realisierung eines Gewerbequartiers im industriell geprägten Köln-Mülheim

Die Schanzenstraße ist bereits als Standort für Unternehmen aus Medien und Kultur etabliert, innovative Start-ups und eine bunte Infrastruktur ergänzen die kreative Szene. Die Weiterentwicklung über das sieben Hektar große Areal des ehemaligen Güterbahnhofs Köln-Mülheim bedeutet eine deutliche Belebung des Quartiers und eine Stärkung des Wirtschaftsstandorts. Im Sommer 2018 erfolgte der Spatenstich, um auf fast 140.000 m² BGF aus Büros, Hotels, Gastronomie und Fitnessflächen eine vielseitige Plattform zu schaffen, die den Anforderungen an eine moderne Arbeitsumgebung Raum und Gestalt gibt. Der Projektname „I/D Cologne" steht dabei für die Identität und Individualität des Quartiers.

Auf einem Teilabschnitt von drei direkt aufeinanderfolgenden, an den Längsseiten von Durchgangsstraßen flankierten Baufeldern plant meyerschmitzmorkramer einen siebengeschossigen Mäander, der sich über drei Nutzungsabschnitte erstreckt. Die prägnante Kubatur gliedert die nebeneinanderliegenden Bereiche aus Hotel, Büro-Lofthaus und Verwaltungsgebäude räumlich und lässt drei großzügige, von außen zugängliche Innenhöfe entstehen. Wechsel in den Geschosshöhen sorgen zudem für Dialoge zwischen den einzelnen Bauteilen und bilden wertige Freiflächen, die als Dachterrassen genutzt werden.

In Anlehnung an die Umgebung aus ursprünglicher Industriearchitektur wird die Bebauung mit Ziegelfassaden aufgegriffen und in Form einer Loft-Architektur modern interpretiert. Großflächige Fenster mit niedriger Brüstungshöhe sorgen für Transparenz und kommunikative Atmosphäre, geben zugleich den Fassaden eine klare Struktur. Die einzelnen Bauteile grenzen sich dennoch deutlich voneinander ab, sowohl in ihrer Farbigkeit als auch in der Struktur der Fassade. Für den 8.570 m² BGF

I/D Cologne, Köln
Neubau eines Gebäudekomplexes aus Hotel, Büro und Gastronomie
Bauherr: Joint Venture von Art-Invest Real Estate und OSMAB Holding AG
2018 –

EN

umfassenden Hotel- und Gastronomiebereich des südlichen Bauteils sind ein aussagestarker Ziegel und eine markante Oberflächenkonstruktion mit Lisenen geplant. Im nördlichen Bauteil präsentieren dagegen Ziegel in hellen Farbtönen und ein zweigeschossiger Foyerbereich eine einladende Leichtigkeit – hier werden die 10.500 m² BGF für moderne Büroflächen inklusive einer Akademie genutzt. Zwischen beiden entsteht das Lofthaus, dessen Fassade klassische Ziegel mit metallenen Strukturen kombiniert. Auf 6.470 m² BGF sind hier eine Büronutzung sowie eine Gastronomie vorgesehen. Unterirdisch erstrecken sich über den gesamten Gebäudekomplex weitere 5.650 m² Fläche für technische Anlagen, Lager-, Archiv- und Nebenräume sowie drei autarke Tiefgaragen. (ak.)

In the summer of 2018, work started on a platform with a gross floor area of almost 140,000 square metres encompassing offices, hotels, restaurants, and gyms, to create a modern working environment on the seven-hectare site of the former Cologne-Mülheim freight station. For one section, meyerschmitzmorkramer has designed a seven-storey meandering building, extending over three sections with a gross floor area of approx. 28,000 square metres. With its striking cubature it divides the areas of the hotel, office, and administration buildings, creating spacious inner courtyards. Different storey heights generate a dialogue between the individual parts of the building and create elegant roof terraces. Inspired by the neighborhood with its authentic industrial architecture, the buildings feature brick façades interpreted in a modern loft style.

135

Green Canyon für Bonn

Die Zukunft der Arbeit: eine einzigartige Typologie, die mehr Grün und Qualität in die Stadt bringt

Mit einem Green Canyon, einer überraschend neuen Vision eines Campus für die Arbeit der Zukunft, gewann meyerschmitzmorkramer den Realisierungswettbewerb eines Bürokomplexes im Bonner Bundesviertel. Ziel des von der Landmarken AG ausgelobten Wettbewerbs war es, Ideen für den Bedarf an Büro- und Dienstleistungsflächen aufzuzeigen. Dabei sollte das Bürogebäude höchsten wirtschaftlichen und repräsentativen Ansprüchen entsprechen und eine Vision neuer Bürowelten darstellen. meyerschmitzmorkramer gliedert das rund 29.800 m² große Plangebiet in sechs Baufelder. Sie können zu einem vernetzten Bürocampus formiert wie auch durch Wohnungen oder ein Hotel ausgeweitet werden. Das Baugrundstück bildet das Herz des neuen Quartiers: Hier wird der Campus für die Arbeit der Zukunft wachsen, zunächst durch einen Quader, der mittels Diagonale in zwei leichte Volumen geteilt wird und eine organische Achse bildet. So entstehen in einem siebengeschossigen Solitär an der Godesberger Allee ca. 7.200 m² Geschossfläche, in dem fünfgeschossigen Atriumhaus werden es rund 10.300 m² sein. Diese Situation inszenieren die Architekten mit einem Green Canyon, an dem auch FSWLA Landschaftsarchitektur aus Düsseldorf beteiligt war. Das Ergebnis, betont die Jury, schenke Bonn eine „einzigartige Typologie, die Grün in die Stadt" bringe. Leicht eingerückt, bilden die Baukörper zwei trichterförmige Freiflächen aus, die den Blick in das grüne Herz des Quartiers fallen lassen und die „Passanten förmlich in den neuen Campus saugen". Zur optimalen Belichtung terrassieren sich die Fassaden entlang der diagonalen Achse. Jedes Geschoss erhält mit lichten Gräsern und Stauden begrünte Balkone, die zur Kommunikation anregen. Als Kontrast zu den bewegten Innenfassaden sind die Fassaden der Seiten in einem ruhigen Raster aus Glas und weißen Metallpaneelen um die Baukörper gezogen. Die Erdgeschoss-Zonen

Green Canyon,
Godesberger Allee, Bonn
Neubau von zwei
Bürogebäuden
Bauherr: Landmarken AG
1. Preis Wettbewerb
2018 –

bieten neben den Büroflächen kommunikative Foyer-Bereiche, multifunktional nutzbare Besprechungsräume sowie eine Gastronomie, ein Ladenlokal und eine Kita an. In den Obergeschossen setzen sich die innovativen Bürowelten fort. Sämtliche Grundrisse lassen sich flexibel organisieren. Das besondere Augenmerk der Planer lag auf der Gestaltung vielfältiger Kommunikationsbereiche – die Arbeit kann, so es Wetter und Jahreszeit erlauben, im grünen Canyon fortgesetzt werden. Hochmodernes Freiraummobiliar, ausgestattet mit Strom- und Internetanschluss, ermöglicht das Arbeiten unter freiem Himmel. Klimaresistente Bäume spenden Schatten. Die „grünen Fugen" zwischen den Gebäuden werden mit Gräsern, Stauden und Sträuchern bepflanzt und lassen wichtige Kleinbiotope entstehen. (uw.)

EN

With a Green Canyon, its stunning vision of a campus for the work of the future, meyerschmitzmorkramer has won a competition, organized by Landmarken AG, for an office complex in Bonn's former government district. The aim was to analyse the urban structures and present ideas to meet office and service space requirements.

The architects divided the project area into six building plots and sketched a quarter with precise edges and pathways. They put a cuboid block on the project site, with a diagonal creating two stand-alone volumes, thus forming a central connecting axis with the Green Canyon. The ground floor provides communicative foyer zones, multifunctional meeting rooms, restaurants, and shops. Innovative office spaces with various communication areas continue on the upper floors. Thanks to state-of-the-art outdoor furniture, the workplace can be moved outside, to the "green grove".

Eiswolke aus Glas und Metall

Ein Beitrag zur Quartiersentwicklung in der Frankfurter Airport City

Eine der größten Quartiersentwicklungen Europas wächst seit 2008 in der Frankfurter Airport City heran: Gateway Gardens. Das 35 Hektar große Areal am nordwestlichen Rand des Flughafens, ehemals amerikanisches Militärgelände, wird zu einem agilen Gewerbegebiet mit überwiegend Büro-, Verwaltungs- und Hotelnutzungen. Der abgeschlossene Campus-Charakter des verkehrstechnisch perfekt angebundenen Quartiers bietet mit seinem naturnahen Umfeld und ausgedehnten Grünflächen optimale Standortqualitäten für national und international agierende Unternehmen. Mit einem vergleichsweise flexiblen Bebauungsplan eröffnet Gateway Gardens auch aus architektonischer Sicht maximalen Freiraum für individuelle Lösungen.

meyerschmitzmorkramer erhielt den Auftrag, einen Teil des Ensembles Quartier Alpha, bestehend aus fünf freistehenden Verwaltungs- und Hotelgebäuden, zu realisieren. Durch den einzeln stehenden, U-förmigen Baukörper „Cirrus" wird nicht nur der nördlich angrenzende Platz städtebaulich gefasst und die Straßenkante in Verlängerung der Nachbarbebauung geschlossen, sondern auch, im Dialog mit der Gebäudeform des westlichen Nachbars, eine Innenhofsituation geschaffen, die sich sowohl zur Straße als auch zum Quartiersplatz hin öffnet. Der Entwurf mit 8.800 m² BGF über sechs Vollgeschosse, zuzüglich Technikgeschoss und Untergeschosse mit Tiefgarage, fügt sich in die benachbarte Bebauung ein: Gebäudeform, Gebäudegröße sowie Gebäudehöhe orientieren sich an den nebenstehenden Hotelgebäuden. Von Norden und Süden wird das Bürogebäude über zwei separate Foyers erschlossen, die bereits von außen als repräsentative Eingangsbereiche ablesbar sind; zudem sind Teilflächen des Erdgeschosses für eine optionale öffentliche gastronomische Nutzung angelegt. Zwei Aufzugsgruppen führen in moderne Büroetagen, die in höchstem Maß flexibel auf die Ansprüche der

Cirrus, Frankfurt am Main
Neubau eines Büro-
gebäudes mit zweige-
schossiger Tiefgarage
Bauherr: G&O Alpha
MK 1.3 GmbH & Co. KG
2018 –

Nutzer reagieren können. Durch die Reduzierung auf einen Haupterschließungskern mit einem zusätzlichen Aufzugskern besteht die Möglichkeit, die Nutzflächen in bis zu sechs abgeschlossene Büroeinheiten aufzuteilen, die jeweils eigene Server- und Sanitärräume erhalten können. Im sechsten Obergeschoss verfügt das Gebäude zudem über großzügige und repräsentative Terrassenflächen.

Als „Cirrus" werden sogenannte Eiswolken bezeichnet, die mit leuchtend weißen Bändern am Himmel erscheinen. Umlaufende Fenster- und Brüstungsbänder aus gefalteten weißen Metallpaneelen geben dem Gebäude diese prägnante und markante Struktur. Zudem greift die eigenständige Fassadengestaltung die Form der abgerundeten Gebäudeecken auf, öffnet den Baukörper nach außen und gibt seine Zweigeschossigkeit im Bereich des Haupteingangs einladend zu erkennen. (ak.)

EN

Gateway Gardens: The 35-hectare site northwest of Frankfurt Airport is growing into an agile commercial area for national and international companies. meyerschmitzmorkramer has designed a free-standing, U-shaped building as part of an ensemble of five individual administration and hotel buildings. The design with a GFA of a good 8,800 square metres integrates the square in the urban fabric and blends in harmoniously with the neighboring hotels. The office building is accessed via two separate foyers and offers modern rental spaces of the utmost flexibility for meeting users' demands. Like a cirrus ice cloud with its white strands, horizontal window and parapet bands made of folded white metal panels give the building a distinctive structure of its own and open it up invitingly to the outside.

143

Charme-offensive in Etappen

Revitalisierung eines
Terrassenhochhauses

Ein markantes Gebäude in das ursprüngliche Gesicht eines Stadtteils zu integrieren, war wesentlicher Bestandteil der Planungsaufgabe. Das Frankfurter Westend, eine begehrte Wohngegend, ist geprägt von einer Gründerzeitarchitektur mit historischen Villen und prachtvollen Alleen. Das Bürohochhaus in der Oberlindau ist dagegen ein Relikt der 60er Jahre – es wurde 1992 zwar saniert, blieb jedoch ein massiver gestalterischer Fremdkörper an einer prominenten Stelle im Stadtgebiet. Anstatt aber das Haus wie viele andere umliegende „Bausünden" der Nachkriegsjahre abzureißen, wurde hier beschlossen, die Qualität und Besonderheit des Gebäudes zwischen Kronberger und Staufenstraße über eine Revitalisierung zu erhalten.

Auf knapp 1.600 m² Grundstück erschließt sich das Hochhaus über elf Geschosse sowie zwei Untergeschosse mit Tiefgarage. Ab dem vierten Obergeschoss stuft sich das Gebäude als Terrassenhaus in der Länge zurück: Highlight dieser Terrassen ist der unverbaubare Ausblick auf die Frankfurter Skyline sowie den nahen Rothschildpark. Der städtebauliche Kontext und die Kubatur des Gebäudes bleiben bei der Sanierung nahezu unverändert. Um den Schutzzielen der Erhaltungssatzung gerecht zu werden und das Gebäude bestmöglich in die Nachbarschaft zu integrieren, wird die Fassade zurückhaltend, hell und transparent gestaltet. Als Material wurden Faserzement und eloxierte Alufensterprofile in warmen, erdigen Tönen gewählt. Zudem wird der terrassierte Bereich über eine Metallfassade in einem dunkleren Eloxalton bewusst abgesetzt und der Baukörper in Sockel, Turm und Terrassen gegliedert.

Über eine vollständige Entkernung und die Überarbeitung der internen Erschließung werden die knapp 10.000 m² Fläche im Gebäudeinneren komplett neu organisiert, und auch die gesamte

Morrow, Frankfurt am Main
Revitalisierung eines
Bürohochhauses
Bauherr: Projektentwicklung
Oberlindau GmbH
2018 –

EN

A striking office tower from the 1960s is to be integrated into a neighborhood dominated by Gründerzeit architecture – with a revitalization that respects the building's quality and uniqueness. On a plot of just under 1,600 square metres, the building comprises two basement floors and eleven upper floors; from the fourth floor upwards, the building's length is gradually reduced. The almost 10,000 square metre area inside the building will be completely gutted and restructured, latest building services technology will be installed, while a new public restaurant area will open up the building and allow it to communicate with its surroundings. The upper floors provide flexible office spaces including roof terraces with workplaces. They offer stunning views of Frankfurt's skyline. The façade will be inspired by the surrounding architecture, with a structure divided into base, tower, and terraces.

zentrale Betriebstechnik wird nach modernsten Standards neu aufgebaut. Im Erdgeschoss entfällt die bisherige Bürofläche zugunsten eines einladenden Foyers sowie einer öffentlichen Gastronomiefläche mit Außenbereich – so wird die Möglichkeit zum Dialog mit dem benachbarten Umfeld geschaffen. Die modern geplanten Büroflächen der Obergeschosse ermöglichen alle Büro-Organisationsformen, vom Zellenbüro über Kombi- oder Gruppenbüros bis zum Großraumbüro, ergänzt um sieben extensiv und intensiv begrünte Dachterrassen mit Arbeitsplätzen und einem freien Blick auf die Skyline. In den zwei Untergeschossen befinden sich neben Lager- und Technikflächen die Stellplätze der Tiefgarage. (ak.)

Individualität in vorgegebenem Raster

Neubau an der Hanauer Landstraße – eine kreative Symbiose mit Systembauweise

„Je klarer und enger die Vorgaben, desto höher die Kreativität." Mit solchen Bemerkungen entlocken Professoren ihren Kunststudenten gerne ein banges Stöhnen. Für meyerschmitzmorkramer ist es dagegen eine spannende architektonische Herausforderung, gemeinsam mit der Goldbeck GmbH ein Bauprojekt zu entwickeln, das deren Rastervorgaben für den Systembau entspricht: Neben dem Frankfurter Unionsgelände an der Hanauer Landstraße wird ein Neubauprojekt über 10.400 m^2 BGF aus Bürogebäude, Lagergebäude, überdachtem Wirtschaftshof und Tiefgarage realisiert. Zu den Vorgaben des Bauherrn kommen von der Stadt noch aufgrund eines nah gelegenen Gefahrgutlagers maßgebliche Vorgaben für die Gebäudenutzung und den Entwurf. War die Hanauer Landstraße früher durch ihre Main- und Hafenanbindung ein wichtiger Standort für die Industrie, so erlebt die „Eastside" heute einen Aufschwung zum Szeneviertel – aus dem „Blaumannquartier" ist ein kreativer Kommunikations- und Dienstleistungsstandort geworden. Nur einzelne Flächen liegen noch brach, wie zuletzt das rund 4.700 m^2 große Baugrundstück des Goldbeck-Projekts zwischen Lindleystraße und Hanauer Landstraße.

Von der Hanauer Landstraße aus wird das Ensemble über einen Haupteingang in das siebengeschossige Bürogebäude erschlossen. Sein großzügiges Foyer erstreckt sich über einen Luftraum bis in das 1. Obergeschoss, wo Gemeinschaftsbereiche für alle Mieter des Hauses liegen, ebenso eine Dachterrasse zum Innenhof. In allen Obergeschossen entstehen Büroflächen mit drei Nutzungseinheiten von etwa 400 m^2 BGF. Mit dem rückseitigen, als Selfstorage genutzten Lagergebäude umschließen die C-förmig angelegten Bauteile den Innenhof von drei Seiten. Die klaren Raster werden aber nicht nur im Grundriss, sondern spielerisch auch als Blickfang in der Hauptfassade aufgegriffen. Hier wird deutlich, wie viel Spannung eine konsequente

Goldbeck, Frankfurt am Main
Errichtung eines Lagergebäudes mit Wirtschaftshof und eines Büro-/Verwaltungsgebäudes auf einer Tiefgarage
Bauherr: Goldbeck Immobilien GmbH
2018 –

EN

Umsetzung erzeugen kann: Das modular zusammengesetzte Rahmensystem besteht aus Stahlbetonfertigteilen mit tiefen, schrägen Laibungen, eine Konstruktion, die eine Ausbildung verschieden großer Öffnungen ermöglicht und die Optik eines Setzkastens schafft. Trotz der unregelmäßigen Anordnung führt die Fassadengestaltung jedoch zu einem ausgewogenen Gesamtbild. Die Seiten- und Rückfassaden der Gebäude sind dagegen von einer gleichmäßigen Struktur mit bodentiefen Fenstern geprägt, die Innenhoffassade ist vollverglast. Dem Stahlbeton-Skelettbau des Lagergebäudes wird eine Metallfassade vorgehängt; in seinem Eingangsbereich wiederholt sich die Gestaltung analog zur Straßenfassade des Bürogebäudes mit raumhohen Fassadenöffnungen. (ak.)

For meyerschmitzmorkramer it is an exciting challenge to create a design together with Goldbeck GmbH that corresponds to their prefabricated construction systems. A new project with a GFA of 10,400 square metres, comprising an office building, warehouse, courtyard, and underground car park is being realized on Hanauer Landstraße in Frankfurt. In addition to the client's specifications, the city also specified decisive requirements for the use of the building; the reason being a hazardous goods storage facility at a distance of 80 metres. The framework theme is playfully integrated in the main façade and shows what a striking impact a rigorous implementation can make. The modular framework system made of prefabricated reinforced concrete parts featuring deep and simultaneously diagonal reveals creates varying façade openings that fit together like pieces of a puzzle to create a balanced whole.

Städtebauliches Tor

Einladende Geste zur Stadt: die Europa-Allee, Frankfurt am Main

Markant hebt es sich aus der städtischen Silhouette: Westlich der Frankfurter Innenstadt sieht ein neues Stadtquartier seiner Fertigstellung entgegen. Das „Europaviertel" entsteht auf dem 90 Hektar großen Gelände des ehemaligen Hauptgüterbahnhofs. Seine zentrale Achse bildet die Europa-Allee, an der die Paulus Immobilien Gruppe mit dem „Quartiersboulevard Mitte" ein Grundstück erworben hatte. Für das hier geplante „städtebauliche Tor" zur Innenstadt lobten die Eigentümer einen Realisierungswettbewerb aus, bei dem die Arbeit von meyerschmitzmorkramer mit dem dritten Preis ausgezeichnet wurde.

    Dem städtebaulichen Rahmenplan und dem Wunsch nach einem zeichenhaften Baukörper entsprechend, schlug meyerschmitzmorkramer einen dreiteiligen Baukörper vor. Neben einem direkt am Europagarten gelegenen 17-geschossigen Hochhaus erhebt sich ein sechs- und achtgeschossiges Bürogebäude, das bei Bedarf mit dem Hochhaus verbunden werden kann. Den westlichen Abschluss bildet ein achtgeschossig geplantes Hotel mit rund 300 Gästezimmern. Zusammen weisen alle drei Bauteile eine BGF von rund 46.015 m² auf.

Sämtliche Gebäude werden von der Europa-Allee aus erschlossen. Einen sichtbaren Akzent setzt das Hochhaus mit einer sechsgeschossigen Eingangshalle. Die Kubatur des Gebäudes entwickelt sich skulptural aus einer rechteckigen Grundfläche. Durch die Schichtung H-förmig angelegter Grundrisse, die nach sechs Geschossen um 90 Grad gedreht werden, entstehen auf allen Geschossen qualitätsvolle Außenbereiche, die Ausblicke zur Frankfurter Skyline bieten.

    Die Fassaden des Hochhauses sowie des Bürogebäudes sind als zweischalige Kastenfensterfassade konzipiert, die durch vertikale, elegant gefaltete Lisenen aus hellen Alucobondblechen in jeder zweiten Achse gegliedert wird. Die Hotelfas-

Europa-Allee, Frankfurt am Main
Neubau eines Gebäude-
komplexes mit Bürohochhaus,
Hotel, Gastronomie und Handel
Bauherr: PGE Grundstücks-
gesellschaft Europaviertel
c/o Paulus Immobilien Gruppe
3. Preis Wettbewerb
2018

EN

sade wird einschalig ausgeführt und interpretiert den gestalterischen Ansatz der Bürofassade bei deutlich geringerem Glasanteil weiter, so dass alle Gebäude als zusammengehörige Einheit wirken.

Die um den Kern des Hochhauses angeordneten Flächen können je nach Nutzer-Wunsch variabel für alle gängigen Büroraumkonzepte gestaltet werden. In den großflächigeren Sockelgeschossen ermöglicht das Raumangebot Sonderflächen für Konferenzen oder eine Kantine.

Um dem neuen Quartier Urbanität zu verleihen, sind in den Erdgeschossen entlang der Europa-Allee ein Café, Ladeneinheiten, ein Fitnessstudio, ein Supermarkt und ein Restaurant geplant. Ein Höhepunkt könnte die Bar mit weitem Skyline-Blick auf der Hotel-Dachterrasse werden. (uw.)

meyerschmitzmorkramer came third in an architectural competition initiated by Paulus Real Estate Group for a project on a site along Europa-Allee, the central axis of Frankfurt's new Europaviertel district. The design with its three-part structure, culminating in a 17-storey high-rise, complements the residential tower opposite, forming an urban gateway to the city centre. Next to the office tower at Europagarten stands an office complex of six to eight storeys, which is under separate management and can be connected to the tower if required. A planned eight-storey hotel is to mark the western perimeter. Thanks to its twisted H-shaped floor plans, the tower resembles a cuboid sculpture. It is also symbolic for its elegant shell and folded aluminium pilaster strips. The areas are open to various designs for all standard office layouts. Public uses and conference areas facing the street are located in the base section; this lends the new quarter an urban flair.

Neubau mit Identität

Friedrichstraße 39:
zeitgemäße Weiterentwicklung
der klassischen (Wohn-)Werte
im Frankfurter Westend

Das Frankfurter Westend ist als Adresse für herrschaftliche Gründerzeitvillen bekannt. Das Viertel zwischen Palmengarten und Alter Oper ist heute eine der begehrtesten Wohnlagen der Mainmetropole. Mittendrin liegt das Haus Friedrichstraße 39, ein Mehrfamilienhaus mit Eigentumswohnungen. Der elegante Neubau setzt sich hier mit der Typologie des Ortes auseinander, der aus prächtigen Alleen und Villen besteht, vertritt jedoch einen eigenen Standpunkt im Stadtbild – keine Kopie, kein Kontrapunkt, sondern eine zeitgemäße Weiterentwicklung der klassischen (Wohn-)Werte.

Das Grundstück des Neubaus liegt an der Kreuzung Friedrichstraße und Wiesenau. Als Eckgebäude mit zwei Ansichten kommt ihm damit eine besondere Bedeutung in der Wahrnehmung der Fassaden und Kubatur zu. Das Gebäude gliedert sich in zwei Teile: Der niedrigere nimmt die Traufkante seiner gründerzeitlichen Nachbarn an der Friedrichstraße mit betontem Gesims auf, der höhere Gebäudeteil akzentuiert die exponierte Ecksituation. meyerschmitzmorkramer spielt dabei mit dem Gestaltungspotenzial des Natursteins, mit dem die Fassade gestaltet ist. Die Architekten lassen glatte Flächen zu, kontrastieren sie mit Gesimsen, Balkonen und Naturstein-Faschen an den Fensterlaibungen – modern interpretierte Zitate aus dem Formenreichtum des historischen Umfeldes, die dem Neubau Identität verleihen.

Sämtliche Wohnungen werden von der Friedrichstraße aus erschlossen. Dabei erhalten die beiden Townhouses, die sich über das Erdgeschoss und das 1. Obergeschoss erstrecken, eigene Zugänge, Adressen und private Gärten. Die darüberliegenden 15 Eigentumswohnungen werden über eine großzügige Lobby mit Treppengalerie und eine Aufzugsanlage erschlossen. Diese fährt – barrierefrei wie im gesamten Haus – auch die beiden Unterge-

Friedrichstraße 39,
Frankfurt am Main
Neubau eines Wohngebäudes
Bauherr: Wiesenau 36
Immobiliengesellschaft mbH &
Co. KG
2014–2018

EN

Frankfurt's Westend is a well-known location with grand turn-of-the-century properties. In the heart of this district is Friedrichstraße 39, a new multi-storey apartment complex. The elegant building is a modern take on traditional values and makes a statement in the neighborhood.

Its structured, natural stone-clad façade is further enhanced by the sculptural appearance of the balconies and natural stone mouldings around the windows. They are modern interpretations of the architectural heritage of this historical environment. The two townhouses, which extend over the ground floor and first floor, have their own entrances and addresses as well as private gardens for their residents. The 15 condominiums above have a barrier-free design, and are accessed from a lobby via stairways and lifts. Two double-storey penthouses, make the most of this stunning location with impressive views of Frankfurt's skyline.

schosse an, in denen sich eine Tiefgarage mit 33 Stellplätzen sowie private Kellerräume befinden. Um den ruhigen Charakter der Friedrichstraße zu bewahren, wird die Tiefgarage von der Wiesenau mit einem Autoaufzug erschlossen. Sämtliche Wohnungen bedienen mit hochwertiger Ausstattung, der Verwendung langlebiger Materialien und durchdachten Grundrissen den Wunsch nach Individualität und Urbanität. Insbesondere die beiden Penthouse-Maisonettes im 5. Obergeschoss und Staffelgeschoss schöpfen das Potenzial dieser außergewöhnlichen Lage mit dem gestalterisch wirkungsvoll inszenierten Skyline-Blick gekonnt aus. (uw.)

159

Skulpturale Kraft

Wettbewerbsentwurf für ein Hotelgebäude in der Ulmer Innenstadt

Die Stadt Ulm verfolgt seit vielen Jahren engagiert das Ziel, ihre Innenstadt aufzuwerten. Mit dem Projekt Citybahnhof Ulm bekam nun auch der Standort der Sedelhöfe städtebaulich eine neue Bedeutung. Vis-à-vis zum Hauptbahnhof stärkt das lebendige, urbane Quartier die Identität der Stadt, bildet ein attraktives Eingangstor in die Fußgängerzone und verbessert die Wegebeziehungen der westlichen Innenstadt.

Ein rund 6.400 m² BGF umfassender Hotel-Neubau soll das Ensemble der Sedelhöfe ergänzen. Für den dazu ausgeschriebenen Wettbewerb sieht der Entwurf von meyerschmitzmorkramer eine konzeptionelle Weiterentwicklung des Quartiers vor: Straßenbegleitend schließt der Bau das Ensemble der Sedelhöfe, indem die Baufluchten ergänzt und Höhenbezüge aufgenommen werden. Zudem ist an der Mündung zur Bahnhofstraße mit 33 Metern Gebäudehöhe ein Hochpunkt vorgesehen, der – als Pendant zum Ulmer Münster – hier ein markantes Ende setzt. Durch die Struktur der Fassade, die Kommunikation mit dem Umfeld und den räumlichen Hochpunkt erlangt das Gebäude eine skulpturale Kraft.

Rhythmus und Dynamik des Ortes finden sich in der Formen- und Materialsprache wieder, wobei die Licht- und Schattenwirkung der Fassade im Materialkontext von Stein und Glas nochmals betont wird. Die Fassadenkonstruktion ist zeitlos, reduziert und wertbeständig – mit wenigen Elementen wird eine homogene Struktur erreicht, und trotz der Strenge wirkt das Gebäude dynamisch und wohl proportioniert, nicht zuletzt durch die Zusammenfassung von zwei Geschossen zu einer Gestaltungseinheit. Als Füllung der einzelnen Rahmen sind ein schräggestellter steinerner Vorhang und eine rahmenlose Glaskonstruktion vorgesehen. Der steinerne Vorhang aus hellem Muschelkalk ist nach einer 3D-Matrize gefräst und dient als Anspielung auf einen leichten, gewellten Vorhang,

Bahnhofplatz 7
(Sedelhöfe), Ulm
Neubau eines Hotels und
Geschäftshauses
2. Preis Wettbewerb
2018

EN

der spielerisch die Strenge der Fassade auflockert und auf die dahinterliegende Hotelnutzung hinweist. Drei Größen-Variationen der Vorhänge schaffen ein dynamisches Erscheinungsbild des Gebäudes und zugleich eine spannungsreiche Innenraumqualität der 140 Hotelzimmer. Bei den Sondernutzungsbereichen im Erdgeschoss, im 1. Obergeschoss sowie im Turm heben durchgängige Fassadenelemente diese Bereiche hervor.

    Der Funktion als städtebauliches Scharnier zwischen Hauptbahnhof, den Sedelhöfen und der Fußgängerzone entsprechend, sind im Erdgeschoss Handelsflächen sowie der Zutritt zum Hotel vorgesehen. Zudem erlaubt eine großzügige Hotellobby im 1. Obergeschoss den Dialog mit der Fußgängerzone. Restaurant, Dachterrasse und Skybar sind in den obersten Geschossen untergebracht und bieten einen spektakulären Ausblick über die Stadt. (ak.)

Located opposite the main train station, the Sedelhöfe Quarter strengthens the identity of the City of Ulm, forms an attractive gateway to the pedestrian zone, and improves the network of routes in the western city centre. A new hotel building with a gross floor area of some 6.400 m² is to complement the ensemble. For the competition tendered for this purpose, the design provides a conceptual evolution of the quarter, including a building with sculptural power that serves as a counterpart to the Ulm Minster through the structure of its façade, its communication with the surroundings, and its status as an urban planning highlight. Despite the design's austere nature, it appears both dynamic and well-proportioned. The frameless glass structure conveys transparency, and the shell limestone curtains, milled according to a 3D master, playfully indicate the use as a hotel. The restaurant, terrace, and rooftop bar offer a spectacular view of the city.

Quality

Quality is the basis of our work. It is both what drives us and what we aspire to. Our buildings may be diverse, but they share one common creed: respect and sensitivity for the built environment and quality are the hallmarks of our architectural approach.

Verstärkung der Geschäftsführung

Caspar Schmitz-Morkramer, Christoph Wolf, Holger Meyer, Gregor Gutscher, Martin Schapfeld (v. l. n. r.)

Martin Schapfeld und Christoph Wolf verstärken seit dem 1. Januar 2018 die Geschäftsführung von meyerschmitzmorkramer. Mit inzwischen fast 170 Mitarbeitern und sechs Standorten ist dem Büro nicht nur die persönliche Betreuung der Bauherren besonders wichtig, sondern auch die Präsenz für das eigene Team; deshalb wird sie weiter ausgebaut und garantiert.

Martin Schapfeld, seit 20 Jahren bei meyerschmitzmorkramer, ist ein erfahrener Planer, der unter anderem bekannte Projekte wie den Frankfurter St Martin Tower und den Umbau des dortigen Clementine Kinderhospitals realisiert hat.

Christoph Wolf, seit fünf Jahren an Bord, besitzt große Erfahrungen in den Bereichen Planung, Ausschreibung und Bauleitung; er steht für anspruchsvolle Projekte wie den Umbau des größten katholischen Tagungshauses, des Kardinal Schulte Hauses in Bensberg, oder das große Stadtentwicklungsprojekt der Sedelhöfe in Ulm. Die beiden neuen Geschäftsführer sind seit Jahren als Teamleiter in führenden Positionen bei meyerschmitzmorkramer tätig und werden an den Hauptstandorten in Frankfurt und Köln als COO, Chief Operating Officer, das operative Geschäft leiten. Zudem haben sie sich im Rahmen ihrer Geschäftsführertätigkeit innerhalb der msm planungsgesellschaft mbh den Ausbau der Generalplanertätigkeiten bei meyerschmitzmorkramer auf die Fahne geschrieben.

EN

Martin Schapfeld and Christoph Wolf joined the management of meyerschmitzmorkramer on 1 January 2018. With almost 170 employees and six locations, the office attaches great importance not only to personal support of its clients but also to being available for its own team, which is why its presence is being further expanded and bolstered.

Martin Schapfeld, who has been with meyerschmitzmorkramer for 20 years, is an experienced planner who has implemented well-known projects such as Frankfurt's St Martin Tower and the renovation of Clementine Children's Hospital there.

Christoph Wolf, who has been on board for five years, has extensive experience in planning, tendering, and construction site management. He stands for challenging projects such as the conversion of the largest Catholic conference centre, the Cardinal Schulte Haus in Bensberg, and the major urban development project from Sedelhöfe in Ulm. The two new managing directors have been working for years as team leaders in supervisory positions at meyerschmitzmorkramer and will manage the operative business at the primary locations in Frankfurt and Cologne as Chief Operating Officers. In addition, within the scope of their managing director activities within msm planungsgesellschaft mbh, they have taken up the cause of expanding the general planning activities at meyerschmitzmorkramer.

Autorin: Inken Herzig

Awards

Katholisch-Soziales Institut
Abtei Michaelsberg, Siegburg

· Bauherr: Erzbistum Köln

· Architecture MasterPrize 2018
· Winner: Heritage Architecture
· Winner: Hospitality Architecture

· mipim Awards 2018
· Winner: Special Jury Award
· Winner: Best Hotel
  and Tourism Resort

· German Design Award 2018
· Special Mention:
  Interior Architecture

· Iconic Awards 2017
· Winner: Interior

St Martin Tower,
Frankfurt am Main

· Bauherr: Immo Hansa
  Beteiligungsgesellschaft mbH

· BDA Architekturpreis
  Martin-Elsaesser-Plakette 2018

· German Design Award 2017
· Special Mention: Architecture

· Iconic Awards 2016
· Winner: Architecture

Coeur Cologne, Köln

· Bauherr: Allianz Real Estate
  Germany GmbH

· German Design Award 2019
· Special Mention: Architecture

Cecilienallee 5, Düsseldorf/
Ehemaliges amerikanisches
Generalkonsulat von SOM

· Bauherr: Bundesverband
  Deutscher Bestatter e. V.

· German Design Award 2019
· Special Mention:
  Interior Architecture

· Iconic Design Awards 2018
· Selection: Interior

Hauptverwaltung DVAG,
Frankfurt am Main

· Bauherr: Unternehmensgruppe
  Deutsche Vermögensberatung,
  Frankfurt am Main

· German Design Award 2019
· Winner: Interior Architecture

· Iconic Awards 2018
· Selection: Interior

Taunusanlage 8,
Frankfurt am Main

· Bauherr: Credit Suisse Asset
  Management Immobilien

· German Design Award 2019
· Special Mention: Architecture

· Iconic Awards 2018
· Winner: Architecture

Le Flair, Baufeld 6, Düsseldorf

· Bauherr: HIP Le Quartier Central 6 (sechs) GmbH & Co. KG

· Iconic Awards 2018
· Winner: Architecture

Anwaltskanzlei Noerr, Düsseldorf

· Bauherr: Noerr LLP und Frankonia Eurobau Projektentwicklung GmbH & Co. KG

· Architecture MasterPrize 2018
· Winner: Interior Design – Workplaces

· German Design Award 2018
· Winner: Interior Architecture

· Iconic Awards 2017
· Winner: Interior

New York – The Village, Düsseldorf

· Bauherr: Patrick Klotzbach Wohnungsbaugesellschaft mbH

· German Design Award 2016
· Special Mention: Architecture

· Iconic Awards 2015
· Winner: Architecture

· Bauwerk des Jahres 2014, Düsseldorfer Architekten- und Ingenieurverein (AIV)
· 3. Platz

171

Mitarbeiter 2018

A Aj, Shahnaz
   Albers, Karen
   Alvir Grau, Rosella
   Aly, Eman
   Amini, Mohammad
   Assoulin, Ido
   Atta, Maximilian

B Bacleanu, Iulia
   Bär, Andrea
   Beffert, Matthias
   Bender, Harald
   Benning, Jörg
   Birkal, Can
   Biró, Zsóka
   Blum, Jasmin
   Brandl, Katrina
   Brehm, Marieke
   Bronder, Albert
   Busch, Nanna
   Büyüclüoglu, Murat

C Cirrincione, Maria Francesca
   Climent Silvar, Bárbara
   Cortes Carrera, Alejandro
   Cortés, Maritza
   Cozma, Constantin Eugen
   Cristescu, Mihnea-Costin

D David, Aurelio
   Debudaj, Alexander (fM)
   Di Franco, Fabio
   Dinu, Iulia
   Dobre, Dragos
   Dokubo, Kala
   Domaschke, Nadine

   Dominick, Maren
   Dömming, Alexander
   Dragoje, Ivana
   Dumitrescu, Alina
   Duru, Derya

E Ehrenberg, Johanna
   Eivazova, Sabina
   Elmas, Ayse
   Erlenkämper, Kai
   Ernst, Bernd
   Esen, Engin

F Fior, Melanie
   Fondoulakou, Thomai
   Frank, Vanessa

G Galic, Stanko
   Gallo, Sonja
   Garrido, Federico
   Gerboga, Kerem
   Gierth-Langer, Yvonne
   Giltaychuk, Roman
   González Cardero, Fernando
   Göpfert, Lars
   Gormanns, Anke
   Goße, Tobias
   Gräff, Constanze
   Greven, Oliver
   Groß, Beate
   Grote, Mario
   Guilia, Sgarra
   Gutscher, Gregor

H Hamm, Simone
   Härtner, Dirk Thomas
   Heidelberg, Eike
   Heinzmann, Timo
   Hesse, Kai
   Holubek, Raimund

   Horváth, Csaba
   Hursky, Michaela
   Huskic, Mirza

I Iaşchevici, Stefana
   Inkofer, Josef

J Jahnel, Holger
   Jakovljevic, Nino
   Jalade, Rémi
   James, Lisa
   Jermer-Urban, Jan
   Joachim, Till
   Jörger, Lilian
   Junglas, Felix

K Kähm, Tamar
   Kelle, Maximilian
   Kemerdere, Seden
   Kirchner, Klaus
   Kleinwächter, Anne
   Klindworth, Jana
   Knabbe, Johanna
   Koch, Tino
   König, Johannes
   Kortemeier, Simon
   Kösker, Agnes
   Kostmann, Holger
   Kufferath, Annegret
   Kursun, Gökce

L Leonhard, Thomas
   Lesch, Christoph
   Lewandowska, Aleksandra
   Lienhard, Sibylle
   Lorger, Martin
   Luckhardt, Arnold

173

M	Maaßen, Tim Alexander	Q	Quecke, Felix	T	Teigeler, Antje
	Magalhaes Fernandes, Matias				Thierolf, Volkmar
	Mager, Tabea	R	Reckers, Fabian		Tinoco de Castilla, Carlos
	Manea, Adela-Elena		Reichelt, Detlev (fM)		Törpe, Christian
	Manea, Iulia Patricia		Reiner, Janek		Treska, Gerta
	Mantecon Lage, Maria Jose		Rhiemeier, Kristina		
	Manzer, Emily Ina		Ricker, Ulrich	U	Urban, Maria
	Matschos, Peggy		Rojek, Kacper		
	Mellis, Martin		Roseno, Amelia	V	Veith, Evelyn
	Melsa, Marcus		Roth, Guido		Voicu, Ioana
	Metternich, Mariana		Rottland, Severin		Voit, Maik
	Mikushev, Juliya		Ruiz, Jorge		Vojkůvka, Aleš
	Moreno Torres, Israel		Rüter, Claudia		Vu, Maily
	Mosetter, Johanna		Ryczer-Kercher, Maria		
	Mosetter, Sibylle			W	Wagner, Verena
	Mühlhaus, Linda	S	Safi, Nuria		Wahl, Anuschka
	Müller, Dirk		Schapfeld, Martin		Wanisch, Dominic
	Müller, Mareike		Scheid, Moritz		Waßmer, Sandra
	Müller-Buchwalsky, Mirjam		Schlaht, David (fM)		Weber, Clemens
			Schlempp, Sabine		Willems, Alexander
N	Najib, Azadeh		Schmidt, Anette		Windecker, Katja
	Nikolaidou, Alexandra		Schneider, Timon		Wolf, Christoph
	Nippa, Ingo		Schreer, Frank		
			Schulz, Thomas	Y	Yavuz, Serdar
O	Odunlami, Ojuolape		Schulze, Michael		Yuefeng, Yu
	Ogorelkova-Pätz, Nora		Schuster-Strueh, Jana		
	Olivos, Jorge		Schwarz, Peggy	Z	Zahn, Alma
	Opitz, Daniel		Schwarzkopf, Annelie		Zayed, Mohamed-Sharif
	Österbauer, Daniela		Schwatmann, Simone		Zdrenka, Peter
			Seehaus, Christiane		Zhang, Xiaohua
P	Pagels, Julia		Serafimoski, Zarko		Zoffel, Tatjana
	Penic-Tvrtkovic, Irena		Silva Ferreira, Carla		Zöller, Ulrike
	Perez Calvo, Lara		Skerka, Maik		
	Pfister, Claus Christian		Spitzer, Claus		(fM) freier Mitarbeiter
	Picamilho, Andre		Stark, Manfred		
	Popescu, Alexandru		Stehl, Sebastian		
	Popovici, Silviu		Steinmann, Timo		
	Pozo Torres, Luis Daniel		Subotic, Slobodan		
			Szastkiw, Lara		

Impressum

Herausgeber/Publisher:
meyerschmitzmorkramer gmbh

Projektmanagement/
Project management:
Sandra Waßmer
meyerschmitzmorkramer,
Köln/Cologne

Konzeption, Layout und
Satz/Concept, layout
and typesetting:
Studio für Gestaltung,
Köln/Cologne
Patrick Lemburg, Tobias Groß

Redaktionelle Leitung/
Editorial management:
Inken Herzig, Grosz-Herzig
Kommunikation/
Communications

Redaktionelle Assistenz/
Editorial coordination:
Anja Daab

Autoren dieser Ausgabe/
Authors of this issue:
Inken Herzig (ih.)
Uta Winterhager (uw.)
Dr. Oliver Herwig
Anne Kleinwächter (ak.)
Caspar Schmitz-Morkramer
Federico Garrido
Dr. Aurelio David

Übersetzung/Translation:
Euro-Sprachdienst Jellen
Lisa James

Lektorat/Editing:
Helga Berger
Bianca Murphy

Gesamtherstellung/Production:
Druckerei Kettler, Bönen

Vertrieb/Distribution:
Verlag Kettler, Dortmund
www.verlag-kettler.de

Printed in Germany
ISBN 978-3-86206-729-9

Copyright 12/2018
meyerschmitzmorkramer,
Köln/Cologne
Verlag Kettler, Dortmund

Das Werk, einschließlich seiner Teile, ist urheberrechtlich geschützt. Jede Verwertung ist ohne Zustimmung des Herausgebers unzulässig. Dies gilt insbesondere für die elektronische oder sonstige Vervielfältigung, Übersetzung, Verbreitung und öffentliche Zugänglichmachung.

This publication, including its component parts, is protected by copyright. Any use without the consent of the publisher is prohibited. This applies in particular to electronic or other reproduction, translation, distribution and making it publicly available.

Bildnachweis/Image credits:

AKIM photography
3, 30, 33, 34, 68, 73, 166

Till Budde für die
Bundesstiftung Baukultur
43

Groß & Partner
142, 143

HGEsch, Hennef
11–13, 20, 21, 27–29, 36–39,
44, 48, 49, 81–84, 87–91,
112–115, 168, 169, 170

Interboden
170

meyerschmitzmorkramer
16, 18, 19, 55–57, 60, 61, 67,
74, 97, 106, 118, 122, 126,
127, 130, 131, 134, 135, 138,
139, 146, 147, 150, 154, 163

Stefan Müller-Naumann
62, 63

Stefan Schilling
170

Jean-Luc Valentin
158, 159

Kontakt/Contact:

Köln/Cologne
Im Mediapark 8
50670 Köln
T +49 221 99 20 79 0
k@msm.archi

Frankfurt
Neue Adresse ab 01.10.2018/
New address from 01/10/2018
Eschersheimer
Landstraße 50–54
60322 Frankfurt am Main
T +49 69 264 94 87 00
f@msm.archi

Düsseldorf
Hermann-Reuter-Straße 2
40476 Düsseldorf
T +49 211 63 55 65 100
d@msm.archi

Hamburg
Poststraße 36
20354 Hamburg
T +49 40 30 70 91 39 0
hh@msm.archi

München/Munich
Goethestraße 49a
80336 München
T +49 89 51 70 39 62
m@msm.archi

Bukarest/Bucharest
meyer schmitz-morkramer
architecture
Impact Hub, Splaiul Unirii nr. 165,
Bukarest
Rumänien
T +40 752 29 96 34
office@
meyerschmitz-morkramer.com

Mallorca
msm fernando gonzález
arquitectos
Joan Maragall 37, 5ºC
07006 Palma de Mallorca,
Spanien
T +34 871 51 59 67
fgc@msm-fgarquitectos.com

www.msm.archi